Sello del Congreso de la República del Perú.
Lima, 1828

Hacia el Bicentenario
Breve Historia Constitucional en el Perú

José Francisco Gálvez

Lima, 2019

A mis tesoros
Para mi familia de ambos hemisferios

Con mi más sincera gratitud a

La Facultad de Derecho   Al Departamento de
                          Humanidades

de la Pontificia Universidad Católica del Perú,

por su centenario   por su quincuagésimo
                          aniversario

1919 – 2019   1969 - 2019

SUMARIO

Introducción, palabras previas. (4)

CAPÍTULO UNO
Los albores del constitucionalismo
I. La influencia del liberalismo y la emancipación. (12)
II. El liberalismo en América (15)
III. El impacto de la Revolución Francesa y las Cortes de Cádiz (20)
IV. Protectorado como forma de gobierno. (28)
V. Las primeras disposiciones del Estado peruano (30)
VI. La Sociedad Patriótica de Lima: Monarquía o República (35)

CAPÍTULO DOS
Inicio del constitucionalismo peruano
I. La primera expresión constituyente: El Congreso de 1822 (40)
II. La crisis de gobernabilidad: El primer Presidente de la República peruana (44)
III. La Constitución de 1823 (45)
IV. Bolívar, Padre y Salvador del Perú (48)
V. La Constitución de 1826 o la Constitución Vitalicia (52)
VI. La Constitución de 1828, la madre todas las Constituciones. (54)
VII. La Convención Nacional y la Constitución de 1834 (63)
VIII. De la Federación a la Confederación Perú Boliviana (65)

CAPÍTULO TRES
El retorno del nacionalismo
I. La Carta de 1839 y la anarquía (69)
II. La Constitución de 1856 y la segunda oleada liberal (76)
III. La Constitución de 1860, la más longeva (81)
IV. La persistencia liberal y la Constitución de 1867 (85)
V. El primer partido político: La Sociedad Independencia Electoral. (89)
VI. La Guerra con Chile y la ruptura constitucional. (92)
El Estatuto Provisorio de 1879 y el Tratado de Ancón.

VII. La restauración del constitucionalismo y el militarismo (95)

CAPITULO CUATRO
Los civiles al poder y el tercer militarismo
I. El constitucionalismo ad-portas del siglo XX: El retorno de Piérola. (100)
II. El bipartidismo: El Partido Demócrata y el Partido Civil (105)
III. La Patria Nueva y las reformas estatales (107)
IV. La Constitución de 1933 y su impacto (115)
V. Constitucionalismo formal y convivencia. (125)

CAPITULO CINCO
Los gobiernos de facto y la construcción de la nueva democracia
I. El Estatuto Electoral de 1962 y el retorno a la democracia formal 1963-1968 (129)
II. Las reformas estatales del Gobierno Revolucionario de las Fuerzas Armadas (GRFA) y la Constitución de 1979 (134)
III. El neoconstitucionalismo: El Pacto de San José y la nueva visión de los derechos fundamentales. (140)
IV. La construcción del Estado Democrático y social (141)
V. El retorno de la democracia formal y el terrorismo del Perú real (145)

CAPÍTULO SEIS
El nuevo orden
I. La Constitución de 1993 y el nuevo orden autoritario (149)
II. El desafío del pluralismo jurídico en el Estado Democrático Constitucional (154)
III. La transición inconclusa a la democracia desde 1993. (159)

Epílogo: El Bicentenario: ¿Una oportunidad para la gran consulta popular? (166)

Referencias y fuentes (171)

Sobre el autor (178)

INTRODUCCIÓN
Palabras previas

Sean las primeras palabras para agradecer la voluntad y el trabajo del joven bachiller Luis Esparza Tafur, quien fue mi alumno en la maestría en Derecho Constitucional de la Pontificia Universidad Católica del Perú (2017) y tuvo la generosidad de revisar el texto para hacerlo más comprensible, dejándolo expedito para que llegue a vuestras manos. Una lectura crítica y necesaria para retomar esta publicación más aún si cuando "todo está dicho, pero como nadie escucha, es preciso comenzar de nuevo". (André Gide).

Todos los días cumplimos fechas, aunque no siempre las conmemoramos, solemos acudir a las efemérides con el objeto de auscultar en el pasado un hecho relevante y de él plantearnos una reflexión. Es el devenir de nuestra naturaleza acudir al tiempo pretérito como una nostalgia, un momento agradable o un hecho conflictivo y violento.

La moda de los bicentenarios provino del recordatorio de las revoluciones de la civilización occidental como fue la americana (1776) y la francesa (1789). Modelos cuya influencia sigue impactando a las generaciones y así proseguirá pues no sólo se produjeron en una relación causa-efecto, sino que fueron fruto de una ideología que se impuso progresivamente y que proclama derechos que tardarían en ser revalorados universalmente hasta el siglo XX.

El Perú, tierra ávida de descubrimientos, no deja de sorprender al más racional habitante del planeta por sus recursos como su gente. Emular a otros sistemas democráticos resulta loable, pero no olvidemos su idiosincrasia sin la cual, la manera como se ejercita la participación ciudadana resultaría catastrófica. Es mejor admitir lo que somos para lograr un reflejo institucional acorde con la realidad que nos regula. El bicentenario nos permite sostener que la democracia peruana ha sido y es un sistema dinámico, asistido no solo por su Constitución y las leyes, sino también por los hechos y la ética incipiente relacionada con una informalidad en diferentes aspectos que afectan a la gobernabilidad del país.

La proximidad al año 2021 nos plantea el momento para mostrar que este fenómeno como otros, más que ser combatidos por el Estado debe ser primero evaluados mediante parámetros o indicadores, que permitan que las instituciones como las normas sean más eficaces y eficientes, desechando la percepción que éstas no funcionan porque no se condicen con el espíritu de la regulación misma. De ahí, la vigencia del apotegma romano: Del hecho nace el derecho, afirmación que implica buscar la adecuación de nuestra cultura a los elementos de control y orden, propios del derecho.

El papel del Estado, cuya presencia es lejana en las zonas inhóspitas dando lugar a su poco o nulo control que como autoridad le compete, olvidando que puede delegar, pero bajo una constante supervisión sus funciones en entidades de la sociedad.

El Perú dista mucho de ser un Estado monolítico, llegando a ser hasta informal en la actuación de sus autoridades, sobre todo políticas. Un hecho vigente pero no novedoso ha sido y es la corrupción. Radicaba en las autoridades gubernativas del rey, aunque se denominaba abuso y por ello fue establecido el juicio de residencia, con el objeto de conocer cómo se habían utilizado los recursos del monarca. Juicio que continuó durante la República. Reemplazado en 1867 por un proceso técnico que comprendía a los altos funcionarios estatales, pues se pensaba que la mala práctica de unos cuantos no podía dejar en entredicho a todo el sistema.

En la actualidad, este fenómeno se ha desbordado e incluye a las altas esferas de las empresas nacionales y extranjeras. Sólo con medidas ejemplarizadoras y con sanciones, sin beneficio alguno para el infractor, se podrá recuperar la confianza de la sociedad hacia el Estado. Circunstancia que requiere además realizar ajustes en materia constitucional, cuyo contenido forma parte de las reglas de juego cotidianas de la sociedad.

El bicentenario representa además la ocasión propicia para saber cuánto hemos avanzado en la satisfacción de nuestras necesidades, total o parcialmente, e involucrarnos más en nuestro desarrollo, conquistando el Perú por los peruanos, pero no olvidando la hospitalidad que nos ha caracterizado para todo cosmopolita.

La historia constitucional marca y derrotero que nos invita a reflexionar sobre los hechos y la manera como los hemos narrado. Marco Tulio Cicerón en su obra Diálogos del orador sostenía: La historia misma, testigo de los tiempos, luz de la verdad, vida de la memoria, maestra de la vida, mensajera de la antigüedad, ¿con qué voz habla a la inmortalidad sino con la voz del orador?

La historia siempre ha representado un recurso obligado para ahondar en el análisis del pasado con el propósito de comprender el transcurrir actual de nuestras instituciones. Razonamiento en el cual se encuadra la presente versión de la historia constitucional que recrea no sólo aportes de los documentos importantes como Constituciones, estatutos, leyes o decretos sino los acontecimientos previos o posteriores, así como el pensamiento vigente que los convirtió en un instrumento de innovación del orden establecido, fortaleciendo o menoscabando el modelo de organización vigente.

En ese sentido, analizamos desde una perspectiva histórica el ámbito constitucional a través de un marco interdisciplinario (cultural, político y jurídico), incidiendo si éste responde a patrones de ruptura o continuidad en el arco temporal del libro. Explicación que no pretende agotarla con su narrativa sino plantear reflexiones del autor sobre las circunstancias acontecidas y plasmadas en los capítulos pertinentes. A través de los siguientes capítulos acudo a dos parámetros que pueden ser muy útiles para conocer el desarrollo de la política. El cultural y el político, que han actuado según el concepto de Estado que ha ido variando hasta arribar al de índole Constitucional Democrático.

Cultural porque el diseño de una sociedad nunca ha sido ajeno a la idiosincrasia de sus habitantes, impuesto o consensuado, detentado por los grupos de poder, dinásticos o no, pertenecientes a algún gremio o grupos emergentes donde la sociedad les asignó un rol como los notables de los siglos XIX y XX a los que se agregan los líderes mediáticos actuales surgidos en circunstancias beligerantes contra la autoridad y que luego quieren convertirse en ella misma, conocidos como representantes contenciosos.

Circunstancia que nos propone nuestra primera interrogante. ¿En qué reposa la legitimidad de los modelos políticos y regímenes de gobierno? ¿Son volubles por el carácter de los habitantes? Aristóteles en La Política había señalado, tres siglos antes de Cristo, que bajo ese carácter la sociedad contemplaba dos tipos de autoridades, la legítima que respondían al sistema vigente de designación e ilegítima, aquella que, aunque usurpando el poder, terminaba por ser aceptada y por ende legitimada. En aquella democracia, era en la asamblea de la ciudad o polis, donde se vislumbraba la energía del líder que reunía entre si el interés común de la ciudad, como recalcaba Eurípides en el año 420 A.C.:

"Cuando las leyes están escritas, tanto el pobre como el rico tienen una justicia igualitaria. El débil puede contestar al poderoso con las mismas palabras si le insulta; vence el inferior al superior si tiene a su lado la justicia. La libertad consiste en esta frase: ¿Quién tiene un consejo útil que dar para la ciudad (polis) y desea darlo a conocer?"

El virreinato peruano no fue ajeno a demandas de diferentes sectores desde el siglo XVI, acompañadas por rebeliones y sublevaciones contra el proceder de quienes representaban a la corona española. Reclamos que articulaban diferentes petitorios siendo el indígena el más recurrente con la abolición de la mita. Que no sólo se conoció en América sino llegó hasta para propia España. Fray Calixto de San José Túpac Inca entregó al monarca en propia mano hacia 1750 el memorial: Representación verdadera y exclamación rendida y lamentable que toda la Nación Indiana hace a la Majestad del señor Rey de las Españas y Emperador de las Indias el señor Don Fernando VI. Mita que el Libertador José de San Martín eliminará en 1821 y luego será restituida durante la administración bolivariana, y finalmente abolida por decisión el Libertador Ramón Castilla en 1854.

Las protestas también servían para medir la fortaleza de las redes de las autoridades comunales o curacas contra los alcaldes, intendentes y virreyes, la percepción por los cuestionamientos ante el aumento de las tasas aduaneras, el acceso a los empleos de la burocracia indiana que beneficiaba a los españoles europeos, la pérdida de beneficios de los gremios asentados en Nueva España o México y Nueva Castilla o Perú con la creación de nuevos virreinatos y capitanías generales. La implementación de las medidas dieciochescas conocidas como las reformas borbónicas no cesarían con la ruptura política con España pues prosiguieron durante el período republicano, bajo el mismo pensamiento liberal católico sólo que afincado en la mentalidad de los gobernantes peruanos del siglo XIX. Reflexiones que planteó en el primer capítulo donde recurro a dos preclaros pensadores: José Baquíjano y Carrillo y Juan Pablo Viscardo y Guzmán para proseguir con la antesala de la independencia peruana. Más adelante, el acto fundacional del

Estado peruano y culminar con la convocatoria del Congreso Constituyente de 1822.

La dificultad para recrear un modelo político, como sostiene François Xavier Guerra (1996), se convirtió en la constante preocupación de pensadores y políticos, quienes debían vincular su teoría occidental con el confuso panorama mediático y a largo plazo del continente americano. Por ello, era importante determinar, a la usanza ateniense el consejo útil, en base a una historia común como sello de nuestra identidad o su necesidad en crearla Preocupación que nos remite a la visión del grupo de poder que reconstruye el pretérito como fue o cómo debiera ser para justificar sus actos presentes y futuros, más aún cuando el Estado que nace es confesional hasta 1979.

Proceso histórico que, por otro lado, ha demostrado la pervivencia de elementos vigentes y que otorga a esta disciplina la acción en el tiempo. De esta continuidad nace la tradición, calificada por algunos como obstáculo del avance progresista, cuando en realidad encierra principios y cualidades concebidos bajo pautas morales gestados por el pueblo a lo largo de su existencia.

El segundo capítulo se inicia con el primer congreso y va hasta el final de la década de los treinta en el proyecto político denominado Confederación Perú Boliviana. En este lapso notamos como se conjuga lo político con lo cultural, bajo cuyo pensamiento son abolidas las tierras de curacazgo por Simón Bolívar. Más adelante, subsiste el interés de unir el Alto con el Bajo Perú, pero se cae en distorsiones de las comunidades políticas lideradas por caudillos cuyo nacionalismo impera el orden. De ahí las luchas intestinas, que nos lleva a pensar si fueron necesarias por la debilidad del sistema vigente, que, aunque contaba con Constitución, se legado no había llegado a todo el país.

El tercer capítulo se inicia con el nacionalismo dentro de un período de bonanza, gracias al recurso del guano y que además brindó estabilidad que le permitirá al Perú contar con un liderazgo en América del Sur. Período que contará con dos constituciones, una más de avanzada que la otra. Donde el liberalismo revolucionario es sustituido por el doctrinario, el cual permitirá un gobierno de doce años en dos períodos liderado por el general Ramón Castilla. Momento en el cual lo intelectuales toman posición a favor de Bartolomé Herrera y otros a Domingo Elías, pero sobre todo a José Gálvez Egúsquiza, su connotado líder.

Contemplamos la emersión de los poderes intermedios o fuerzas reales, provenientes de la sociedad (hacendados, comerciantes, mineros, sectores del ejército e intelectuales) que apoyaron al golpe o régimen de facto. En lo político, se adoptan nuevas instituciones provenientes de un sistema parlamentario del cual la Presidencia del Consejo de Ministros fue su reflejo. La existencia del caudillo o líder carismático necesario terminaría por ser indispensable en el sistema político. El primer militarismo, desde 1821 será el referente obligado hasta la llegada del primer presidente de la República elegido por los sufragantes: Manuel Pardo y Lavalle. El segundo, luego, de la firma del Tratado de Ancón que puso fin a la Guerra del Pacífico con Chile con el gobierno de la Restauración Nacional a cargo del general Miguel Iglesias del Pino.

El cuarto capítulo se inicia con el gobierno de Nicolás de Piérola y Villena que puso fin al gobierno del general Andrés Avelino Cáceres Dorregaray. El bipartidismo integrado por el Partido Civil y el Demócrata. Más adelante el golpe de Estado de Augusto B. Leguía y el establecimiento de su Patria Nueva, consolidado en la Carta de 1920. A continuación, la llegada del tercer militarismo, iniciado con el comandante Luis M. Sánchez Cerro y la expedición de la Constitución de 1933 para detenernos con el Gobierno de la Junta Militar de 1962. El quinto y último capítulo se inicia con el Gobierno Revolucionario de las Fuerzas Armadas, sus medidas de reforma, a cargo de Juan Velasco Alvarado, en la primera fase de 1968 a 1975 y Francisco Morales Bermúdez Cerrutti, de 1975 a 1980. En este ínterin la Constitución de 1979, nos expresará las reformas estructurales acontecidas, pero además las innovaciones en la política, el derecho y la cultura, que se inició al declarar el quechua como idioma oficial en 1975.

Nuestro recorrido prosigue al experimentar un Estado Democrático Constitucional en un país que recuperaba el ejercicio institucional. Tuvo que enfrentar la hiperinflación, el terrorismo y la debilidad del sistema. Aparecieron nuevos matices de caudillos como Alan García Pérez y Alberto Fujimori Fujimori, cuyo personalismo fortaleció o debilitó a las entidades estatales al momento de ser gobierno, por la vía democrática. Probablemente con afán de conservar su cuota de poder, dejando de lado la finalidad de la política misma o propuesta principista, sustituyendo el interés general o consejo útil por el aspecto mediático y que terminó en su provecho individual. Explicación que termina con el panorama posterior a la promulgación de la Constitución vigente.

Cada cierto tiempo, en cercanías a elecciones generales, un sector de la población reclama la aprobación de una nueva Constitución, bajo la creencia que ésta por si sola cambiará la situación de los habitantes, sobre todo económica. La historia nos enseña que esto ha sido y es una falacia. Que sólo puede hacerse vida en común si cada uno asume una actitud constructiva, sometiéndonos a las mismas reglas, previamente estipuladas, salvaguardando la defensa de los derechos de las personas. Pero en la actualidad podemos hacer consultas populares que una vez efectuadas, vía concertación, se vuelvan obligatorias. En este sentido, es justa toda represión que vaya contra dichos acuerdos publicitados, asistidos con mecanismos razonables y transparentes.

A esta versión titulada: Hacia el bicentenario: Breve Historia Constitucional en el Perú que ponemos en sus manos han antecedido publicaciones como Historia Constitucional, publicada en 1852 cuando el doctor José Victorino Lastarria Santander (Rancagua, 1817), exiliado en la Ciudad de los Reyes, redactó los pasajes de la crisis europea desde la hegemonía de Napoleón Bonaparte hasta los primeros años de vida independiente peruana narrando los entretelones de las campañas del ejército libertador en el sur, concluyendo con los gobiernos de José de la Riva-Agüero y José Bernardo Torre Tagle, primer y segundo presidente de la República del Perú.

Posteriormente, la edición de Cuestiones Constitucionales en El Heraldo de Lima en 1854 escrita por Toribio Pacheco (Arequipa, 1828), analizó los primeros documentos republicanos expedidos durante la administración sanmartiniana hasta la Constitución de 1839. En tercer lugar, la Historia de la República del Perú, obra monumental, de Jorge Basadre Grohmann (Tacna 1903), que reconstruyó la vida institucional bajo una perspectiva integradora de nuestra vida republicana. Debemos agregar la Historia de las Constitucionales Nacionales de José Pareja Paz Soldán (Lima, 1913) que se inicia con la Constitución del 1823 y finaliza con la de 1933. La evolución política y constitucional del Perú independiente de Lizardo Alzamora Silva (Lima, 1900), reflexiones sobre nuestra tradición en tres segmentos correspondientes a igual número de conferencias. El constitucionalismo peruano y sus problemas de Domingo García Belaunde (Lima, 1944), publicado en el Programa Académico de Derecho de la Pontificia Universidad Católica del Perú en 1970, que recoge el análisis contextual dentro de las vicisitudes políticas de cada período republicano y concluye con alusión a la Constitución de 1933. Historia de la República de Enrique Chirinos Soto (Arequipa, 1930), quien incorpora a la explicación constitucional los últimos hechos de la administración virreinal dentro del contexto europeo protagonizado por Napoleón Bonaparte para culminar con la convocatoria a la Asamblea Constituyente en octubre de 1977. A continuación, el trabajo de Margarita Guerra Martinière (Lima, 1937) Historia General del Perú, tomo VIII, que esboza los entretelones de la vida política, social y política desde 1827 hasta el final del siglo XX, Finalmente, los artículos de César Landa Arroyo (Lima, 1958). El proceso de formación contemporáneo del Estado peruano (1989) y la evolución constitucional del Perú (2002).

Hacia el bicentenario: Breve Historia Constitucional en el Perú que hoy ofrecemos al lector refleja la labor de pensadores e ideólogos en su contexto, quienes plantearon su concepción del Estado, que representaba en términos aristotélicos la cantidad versus la calidad o el justo medio de François Guizot.

Finalmente, deseo agradecer a la Facultad de Derecho de la Pontificia Universidad Católica del Perú en la persona de los doctores Baldo Kresalja Roselló y Abraham Siles Vallejos, quienes motivaron la redacción del presente texto y en especial a la doctora Silvia Morales Silva por los retoques en la diagramación.

CAPÍTULO UNO
Los albores del constitucionalismo

I.   La influencia del liberalismo y la emancipación

La presencia del liberalismo como ideología y pensamiento se remonta a Europa hacia finales del siglo XVII, cuando el pensador René Descartes con su célebre frase: Pienso, luego existo; sentó las bases para una visión antropocéntrica como respuesta a la tradición política, religiosa y jurídica occidental de entonces. Ésta se hallaba guiada por el reino, la iglesia y los nobles, actores que detentaban el conjunto de derechos o privilegios. Con ello se fue introduciendo un racionalismo que progresivamente cuestionó al sistema, construido sobre una serie de facultades y obligaciones entre el monarca y los súbditos, supervisados por el Derecho Canónico, que había impreso desde siglos atrás un modo de pensar y actuar con un alto ingrediente axiológico. Frente al arbitrio y decisión de la autoridad, como magistrados y administrativos, se subordinaba la variedad de normas, la cual no siempre se respetaban, dando lugar a arbitrariedades o excesos de poder y a las consecuentes protestas de sectores de la población que clamaban por el cese de los abusos.

La estabilidad del régimen, que hasta entonces se había realizado por pactos, y las circunstancias mediáticas en cada reino, favorecieron paulatinamente la concentración política en torno al monarca, primero en Inglaterra, luego en Francia y España. Etapa conocida como el absolutismo y posteriormente denominada como Despotismo Ilustrado, que encumbró al rey como el sol, pues todo giraba a su alrededor. Incluso la iglesia, debía someterse a sus designios.

Proceso en el cual, el racionalismo lograba sustituir en el pensamiento de los académicos a la visión teocéntrica por aquella donde el hombre, mediante su método y duda, afinaba su raciocinio en la búsqueda de la verdad; lo que además propició un cambio en el ejercicio del poder. El rey actuaba para el pueblo, pero sin él. Obraba de acuerdo con lo que creía que era justo y bueno; sin cuestionamiento. Un absolutismo que brindaba una imagen pétrea al fortalecer el centralismo y la administración, promoviendo el desarrollo científico dentro del programa de reformas que brindarían el bienestar a la población. A ello se sumaba, la aceptación de la propuesta de los ilustrados en difundir mediante la educación este afán por el conocimiento, basado en la razón. Criterio que sería puesto a prueba en época de crisis y que terminó por ser invocado para evaluar las medidas correctivas de la corona, cuestionando implícitamente a la autoridad. Frente a posibles represalias, los propios ilustrados y dentro de ellos a los enciclopedistas, divulgaron la necesidad de proteger a los detractores bajo la lógica que existían "leyes naturales" o derechos inherentes a la persona resumidos en la libertad, propiedad y seguridad y que se hallaban más allá del arbitrio del monarca.

Los hechos suscitados, primero en Inglaterra con la presión de un sector de la Cámara de los Comunes liderados por Oliverio Cromwell frente a las decisiones arbitrarias del rey católico Carlos I, quien heredó el poder absoluto de sus antecesores; marcaron un cambio en el liderazgo político al culminar la tensa relación entre el Poder legislativo y el Ejecutivo con la decapitación real, un siglo antes que los franceses. Hecho que desde entonces sentaba las bases para la monarquía constitucional y el poder en ese Estado, a cargo de la nobleza, perdurando hasta el siglo XX.

El episodio francés dieciochesco se caracterizaba por el poder absoluto del rey Luis XVI con la colaboración de la nobleza cortesana. Durante se mandato, la economía precaria evidenció el manejo distorsionado de las finanzas públicas por las guerras, lo cual, sumado a los pocos ingresos del Estado por la disminución de las cosechas y la hambruna, exigieron más presión sobre la población. El descontento social hizo eco de los mensajes de la mentalidad ilustrada que sostenían que una sociedad culta podía limitar al régimen, elementos que hicieron que una protesta más desencadenara en la Revolución Francesa.

Frente a la crisis, el monarca convocó a los Estados Generales, asamblea medieval compuesta por la nobleza, la iglesia y el tercer estado -el pueblo burgués-, cuya votación era hasta el momento por estamento. Lo cual fue cuestionado por los diputados burgueses, clamando que fuese per cápita, logrando además que miembros del clero y dos nobles pasaran a sus filas. Hecho que ocasionó que el rey les prohibiera su ingreso al recinto legislativo, entonces decidieron reunirse para conformar la asamblea nacional, atribuyéndose la representación del pueblo de Francia, la cual permaneció hasta redactar y aprobar la Constitución, a la cual le llamaría asamblea constituyente y más adelante convención. Términos que dejaron de ser fácticos para incorporarse al bagaje intelectual denominado constitucional y de los cuales la tradición constitucional peruana utilizó en su periplo político.

Acontecimientos posteriores reafirmaron la fortaleza de este legislativo, propiciando que su majestad invitase a nobles y miembros del clero a conformarlo. Colegiado que aprobaría la Declaración de Derechos del Hombre y del Ciudadano (1789) y la Constitución francesa de 1791, monárquica constitucional. Con ello contemplamos la alteración de las bases del régimen absolutista, que perdió el control de las medidas reformistas bajo el discurso ideológico de la burguesía, la cual logró copar más espacios de poder con el apoyo de los sectores mayoritarios.

Desde el gobierno de Felipe V, duque D´Anjou y primer Borbón en ocupar el trono, el Despotismo Ilustrado estableció un conjunto de medidas conocidas como las borbónicas que buscaban sanear la economía española a expensas de las materias primas ultramarinas, luego de la guerra de Sucesión. Para ello era necesario el conocimiento del estado político, social y económico, así como el recojo de información científica y cultural que permitiría disponer de una visión integral de los aportes del Nuevo Mundo a la metrópoli.

El decreto de disolución de fueros (1707) impuso la teoría del regalismo o estatismo basado en los derechos inalienables o regalías que detentaba el rey, que la dinastía de los Habsburgo había compartido con la nobleza e iglesia, salvo que los privilegios fuesen consentidos por su alteza. Derechos que abarcaban cuotas y funciones de poder referidos a función jurisdiccional, la venta de cargos públicos o venalidad de los oficios, así como el reclamo basado en el principio de obedézcase para inaplicar una norma. Prácticas que se habían desarrollado en el derecho español y luego en el Indiano en el sistema de casos o casuismo.

Los Borbones, que encarnaban al Estado, se esforzaron por establecer un régimen nacional unitario, pilar de la nueva estructura jurídica política, gobernando cual padre protector para el bienestar de sus hijos pero sin consultarles, basando sus acciones en las leyes de la naturaleza. De esta manera el liderazgo político dependió de la realeza en desmedro de las Cortes. Los Consejos de los reinos dejaban de ser tales para conformar uno de carácter nacional y que en adelante se llamaría de Su Majestad, el cual estaba integrado por los altos funcionarios estables denominados ministros, abocados al conocimiento de diferentes despachos de la administración centralizada para todo el imperio, con lo cual fue eliminándose la identificación regional.

Las órdenes de la autoridad se fundaban en el principio mandato-obediencia, siendo aceptadas por el vasallo sin cuestionamiento ya que la corona lo sustentaba en su origen divino. Aunque su existencia se remontaba desde antes, el modelo de gobierno pactista o de consenso permitía reclamar bajo un poder difuso por el cual se recurría por una medida injusta al arbitrio de la autoridad, la que demostraba flexibilidad o tolerancia en algunos casos.

II. EL LIBERALISMO EN AMÉRICA

En América, los criollos recrearon este principio de mandato-obediencia en el continente, donde el poder real, como se sabe, se mantuvo indirectamente. A ello se sumó la vigencia de normas indianas con las castellanas que gozaban de flexibilidad en su cumplimiento con el *obedézcase, pero no cúmplase,* a través del poder difuso mencionado. Pero la insistencia de las reformas borbónicas en el siglo XVIII, provocaron progresivamente muestras de rechazo invocando la rectificación de las medidas regias, las que fueron tomando diversas aristas conforme se fueron acentuando. La ilustración, al proponer innovaciones transformó la naturaleza de la monarquía e hizo posible que en las reclamaciones los súbditos o vasallos se convirtiesen en compatriotas o conciudadanos, en cuyo razonamiento la frase: *Viva el Rey, muera el mal gobierno*; no descartaba la titularidad legítima del poder ni su origen, sino una reivindicación de los pueblos con lenguas y culturas diversas frente a la nación española.

Mientras tanto en el virreinato peruano se conservaban las distintas fuerzas sociales: los nobles, los religiosos, los profesionales, los comerciantes, los campesinos, así como las instituciones: La ciudad, el feudo, la abadía o la catedral. Aun cuando se presumía que cada cual cumplía un rol en esta sociedad, la igualdad como los derechos era entre sus pares o similares, encontrándose en función a su corporación respectiva, de acuerdo con el modelo hispano.

Con el advenimiento de la ilustración en América se impulsó la inquietud por redescubrir la realidad como fenómeno que no sólo llevó la razón a la esfera política, en lo cultural tuvo el propósito de profundizar la búsqueda de la felicidad a través del modelo de progreso occidental dentro de una visión paternalista del rey que conllevaría a un mundo más armónico y equilibrado. Así, la naturaleza recuperaba su rol protagónico en el panorama científico, llevada de la mano con la historia, en cuya relación encontramos la tradición y la innovación.

La corona mantuvo la difusión de las ideas de la Ilustración siempre que no fuese incompatible con el sistema político. De ahí, la necesidad de prohibir la circulación de obras, desde mediados del siglo XVIII, sobre todo de aquellas que influía en la reivindicación postergada de los intelectuales criollos o americanos, que, aunque representaban una minoría, reclamaban la igualdad de oportunidad de sus pares españoles.

El régimen apostó por fomentar la investigación y el conocimiento. Se creó la Sociedad Amantes del País con el afán de ahondar en la descripción del territorio y de la historia referida al territorio del cual formaban parte, con la finalidad de acercar al lector a una visión cultural recreada que apoyase a la corona. De esta manera, el lector ilustrado reflexionaba sobre su identidad. El Mercurio Peruano o la Guía política, eclesiástica y militar del virreinato del Perú para el año de 1793 de José Hipólito Unanue y Pavón constituyen ejemplo de esta relación entre la política y la educación.

El interés por una mejor administración carolina llevó a establecer nuevas divisiones administrativas dentro de las comunidades indianas o americanas, que mantenían al rey como señor o cabeza. Con este afán, el programa borbónico hizo evidente la imposición de las intendencias, primero en España (1711), luego en Buenos Aires (1782) y finalmente en Perú (1784). Paralelamente se produjo la creación de los virreinatos de Nueva Granada o Santa Fe de Bogotá y el de Buenos Aires que desmembraron al peruano pues en el primero se trasladó el territorio de Maynas y en el segundo, Puno. Reformas que en definitiva se propiciaron dentro del imperio español y por ende no escapaban a la tradición legal hispana, de ahí que conservaran mucho de la manera como procedían los Habsburgo: "Lo único que varía son las necesidades y los talantes, pero no las estructuras" (Pérez-Prendes 1988, p. 316).

Medidas que se vieron complementadas con una nueva concepción del derecho desde el poder. Carlos III impuso paulatinamente el criterio que quien criticase los actos gubernamentales cometía delito, no por poner en tela de juicio los actos en sí sino porque sembraba la desconfianza entre los súbditos. Presupuesto que evidenciaba el control del poder con el establecimiento de la ley impuesta y coercitiva.

La opinión política de intelectuales de la época no quedó exenta de estos acontecimientos. Es en ella que podemos esbozar los primeros textos preconstitucionales: El Elogio al Excelentísimo señor don Agustín de Jáuregui y Aldecoa, Caballero del orden de Santiago, Teniente General de los Ejércitos, Virrey, Gobernador y Capitán General de los Reyes del Perú, Chile, etc.; pronunciado por José Baquíjano y Carrillo, limeño, catedrático de Vísperas de Leyes desde 1780; quien criticó abiertamente el sistema imperante en aras de su reforma, después de la Rebelión de Túpac Amaru.

La Carta a los Españoles Americanos, originalmente de autor anónimo, redactada por el ex jesuita Juan Pablo Viscardo y Guzmán, pampacolquino, quien optó manifiestamente por la emancipación, luego que la orden de la Compañía de Jesús fuese expulsada de todo el territorio hispanoamericano.

En el Elogio que hasta entonces era el discurso de recibimiento del nuevo virrey a la Ciudad de los Reyes, Baquíjano y Carrillo le imprimió un matiz reflexivo reformista al narrar la experiencia de Jáuregui y Aldecoa en Chile como Capitán General, así como de los movimientos generados en el Perú por las medidas borbónicas, apartándose con ello del rutinario protocolo. En efecto, el ambiente del virreinato había convulsionado con dichas medidas a favor de la corona, pero en desmedro económico, administrativo y social de los miembros de la comunidad, determinando el incremento de protestas donde la participación no diferenciaba la raza de los actores sociales y políticos, contando con la participación de españoles, criollos, mestizos, negros e indios, siendo la más significativa la de Túpac Amaru, en ese momento que reclamaba por la mita y el abuso de los corregidores de indios.

En los hechos, el acierto o desacierto de las reformas borbónicas estuvo condicionado a la idoneidad de los burócratas que en la mayoría de los casos se tradujo en una política de represión frente a cualquier demanda, probablemente por el interés de dichos representantes en ascender. El Elogio no cesa en exhortar al monarca a buscar la felicidad otorgando al ciudadano el ambiente propicio –respetable y precioso- para el disfrute de sus derechos. Tendencia que no se apartaba del planteamiento del Espíritu de las Leyes (1748) de Charles de Secondat, barón de Montesquieu, citado en el texto, y que reproducía la demanda por el reconocimiento y vigencia de los derechos naturales y cuya inobservancia podía ser controversial a la propia autoridad:

...que cada siglo tiene sus quimeras y sus ilusiones, desdeñadas por el tiempo y que esta luz brillante ha convencido que mejorar al hombre contra su voluntad ha sido siempre el engañoso pretexto de la tiranía, que el pueblo es un resorte, que forzado más de los sufre su elasticidad, revienta destrozando la mano opresora que lo oprime y sujeta (Baquíjano 1930, 518)

El acto de recibimiento al virrey Jáuregui fue desastroso para Baquíjano, quien fue sancionado con la postergación de su ascenso como oidor por más de quince años y los ejemplares del Elogio fueron requisados por Real Decreto de 1784. Acciones que no mellaron su desarrollo intelectual y en el ejercicio de sus tareas académicas y judiciales. Su postura crítica encontraría eco más adelante en los argumentos de los discursos de las Cortes general y extraordinarias de Cádiz, donde los americanos alegaron igualdad de condiciones con los españoles europeos, invocando que las Indias se habían unido a la Corona de Castilla, como otros reinos.

La Carta a los Españoles Americanos o el nuevo pacto político de Juan Pablo Viscardo y Guzmán refleja el discurso de protesta luego de la expulsión de la orden jesuita de los territorios hispanos. Recrea las condiciones en que se dieron las empresas de descubrimiento y conquista, desde los inicios y como ellas han llevado paulatinamente a un distanciamiento con el sistema político, creando una postura emancipadora entre sus habitantes.

La Carta planteaba dos secuencias: una histórica y una doctrinal, basadas en el gran suceso de la incorporación de América o del Nuevo Mundo a la historia universal. Luego de trescientos años, Viscardo y Guzmán plantea reflexiones sobre el significado y el devenir en la manera de cómo se llevó a cabo esta empresa, Críticas que se explican por el malestar del ex jesuita, pues en América en primer lugar la legislación indiana sí otorgaba protección tanto a peninsulares como a criollos al interior de la estructura estamental y, en segundo lugar, el sistema casuístico cautelado por las diversas autoridades no fue del todo impositivo, ya que el arbitrio fue fundamental para entender el sistema jurídico, compuesto por un conjunto de privilegios, antes del absolutismo.

Crítica que le valió a Viscardo retomar las bases del pactismo desde dos ángulos: La libertad y la creación de una identidad americana. La vigencia de la libertad era revelada por medio de hechos políticos tanto en España como en América, distinguiendo los niveles de mando y de autoridad que existían en la sociedad política y civil. Como del estado de naturaleza se llegaba al de convivencia social, donde se recreaba el complejo panorama político del cual Viscardo mostraba diferencias en la dicotomía de la nación conformada por los españoles europeos y los españoles americanos.

Era necesario reformular la empatía de los derechos naturales con la legitimidad de la autoridad, pues si partimos de que aquellos están por encima de ésta, y más aún cuando la titularidad de poder proviene de nosotros mismos, entonces hemos logrado sobreponer nuestros intereses para hacer de la representación la forma de llevar adelante las inquietudes de la sociedad:

> Hermanos y compatriotas... El descubrimiento de una parte tan grande de la tierra, es y será siempre, para el género humano, el acontecimiento más memorable de sus anales. Más para nosotros que somos sus habitantes, y para nuestros descendientes, es un objeto de la más grande importancia (Viscardo, 1959, 19)

Las medidas desarrolladas por los Borbones restringían más los empleos al servicio de la corona, proporcionándolos a los españoles europeos. Una rápida mirada nos revela que todos los virreyes, la mitad de los miembros de las audiencias y que los intendentes, en su mayoría eran españoles. En tal sentido, Viscardo alzaba su voz de protesta señalando:

> ...solamente a nosotros se nos considera indignos e incapaces de asumir estos cargos que por el más riguroso derecho nos pertenecen exclusivamente en nuestra Patria (Viscardo, 1959, 208).

Gradualmente se fue gestando el argumento de los criollos en la recuperación del espacio público, invocando el nacimiento en el territorio, basado en el principio romano del *ius soli*, creándose de esta manera la identidad continental americana. Fundamento discrepante al de la monarquía que sostenía que la eficacia de los burócratas se sustentaba en carecer de vínculo con el lugar donde se desempeñara, manteniendo su neutralidad frente al comportamiento social y evitando así todo tipo de relación que pudiese afectar su labor.

II. EL IMPACTO DE LA REVOLUCIÓN FRANCESA Y LAS CORTES DE CÁDIZ

El legado de la Revolución Francesa en el Nuevo Mundo fue fundamental en la mayoría de los intelectuales criollos, por el carácter reivindicador frente al poder, constituyendo un detonante para los procesos de cambio y que permitió poner a prueba las teorías políticas existentes, manteniendo o no la forma de gobierno vigente. Más aún, cuando se expidió la Declaración del Hombre y del Ciudadano sentando el precedente que los derechos eran declarados y reconocidos sin necesidad de invocar el status para reclamarlos, lo cual se precipitó conforme el nivel de tensión política se agudizaba y ante la presión popular que invocaba la defensa acérrima de la libertad e igualdad que terminó en excesos. Episodio que nos enseña que el modelo constitucional no ha sido ajeno a irrupciones que luego de concluidas motivaron a los escritores políticos a plantear el concepto incipiente de Estado moderno asociado con la existencia de la Constitución, como documento incontrastable y político.

La noción de igualdad se convirtió en el mecanismo que facilitó la emersión de sectores que buscaban un ingreso más equitativo bajo el liderazgo de la burguesía, pero que luego se expandieron a otros sectores. La declaración, en su artículo 3°, modificó el eje del poder, antes impuesto por uno representativo asentado en el pueblo o nación, cuyo perfil se hallaba en el individuo letrado, propietario y con una solvencia económica, perteneciente a una comunidad: El principio de toda soberanía reside esencialmente en la nación, ninguna corporación, ningún individuo puede ejercer ninguna autoridad que no emane de ella.

Así, esta noción de soberanía trastocó a de la divinidad en la legitimación del poder que había ratificado las designaciones de su titularidad, hasta entonces. La revolución, acorde con el contrato social, impuso la figura del rey como primer funcionario público ya que no había en Francia superior a la de la ley: el rey solo reina por ella, y solo en nombre de la ley puede exigir obediencia.

Con la noción de Estado de Derecho de los franceses, la forma política adoptada y el poder quedaban sometidos a leyes con la finalidad de proteger los derechos individuales de la persona. Dichas normas eran concebidas de manera impersonal, objetiva y general, dicho coloquialmente: sin nombre propio. Su influencia irradió en la teoría de separación de poderes, que proporcionó nuevos alcances en el derecho político o constitucional al brindar una especialización y control de pesos y contrapesos sobre todo entre el gobierno y la asamblea nacional o constituyente gala, en función del liderazgo político establecido. Nadie puede negar que desde 1789 la sociedad política surgida fuera la encarnación imperfecta de un ideal. La misma noción que daba origen al estado de sociedad, como señalaba John Locke, permitía al pueblo, en caso de que no se respeten las reglas, recuperar el poder e ir contra el gobernante: El derecho de insurrección.

La revolución norteamericana, por su parte, no apuntó a una igualdad social y conformó una estructura pluralista con la concertación de los representantes de las colonias británicas que aceptaron combatir a sus autoridades. Las batallas producidas expresaban la lucha por los derechos ante el Parlamento británico sin que se desencadenara en un fanatismo ideológico (como sucedió en Francia). Así, su sentido práctico les facilitó un proyecto común de Estado, que no excluyó el aporte del constitucionalismo occidental europeo, el cual marcó las pautas con los conceptos de soberanía popular, nacionalidad e individualidad del liberalismo. El sistema jurídico, basado en el inglés, no se basó únicamente en el legalista sino conservaron el principio del precedente, adaptado a un régimen republicano federal y donde la judicatura ha sido respetada tanto en sus fallos como en la labor de sus miembros.

El liberalismo que adoptó diferentes posturas en el ámbito institucional y que, en España, como en América fue religioso, permitiendo conservar, conforme se disipaban las luchas y se recuperaba la institucionalidad, su rol trascendental en el establecimiento de los nuevos espacios políticos.

Los movimientos de los americanos que clamaban por sus derechos pronto se trasladarían al propio cénit de la monarquía española. El deseo del expansionismo francés en Europa, pronto se trasladó a la Madre Patria. En 1808, Napoleón Bonaparte convenció a Manuel Godoy para que este influyese en el rey Carlos IV y le permitiese al ejército galo atravesar el territorio hispano y capturar a la reina María y al príncipe regente Juan, aliados de Inglaterra; a cambio de lo cual Carlos recibía posesiones de dicha nación. La corte lusitana se trasladó a Brasil. Sin presagiar y estando las tropas en la península, Napoleón Bonaparte hizo que el rey de España abdicara en favor de su primogénito Fernando VII y éste le entregase el poder, cediéndolo luego a su hermano José, quien adelante adoptaría el nombre de José I.

El vacío de poder repercutió en la península ibérica más no en

América. El cautivo Fernando VII demandó a la nobleza y sociedad hispana que actuasen en su nombre y representación lo que brindaba continuidad al ejercicio del poder, constituyéndose una junta de gobierno. Acto que se hallaba amparado en las Partidas de Alfonso el Sabio: ...cuando el bien común se hallaba en riesgo, los nobles, prelados, hombres de fortuna y las personas buenas y honradas podían formar juntas en ausencia del monarca. (Partida Segunda, tít. 15, ley 3, 1260).

Sin embargo, la coyuntura era de tal envergadura que la sola encargatura era suficiente para cubrir el vacío de poder. De ahí que, la Junta Central optase por convocar a las Cortes desde el 22 de mayo de 1809, la cual se hacía a la usanza medieval por estamentos (nobleza, clero y corporaciones) siendo reemplazada por una asambleísta, contando con la participación de los dominios de ultramar.

He aquí, el primer rasgo del constitucionalismo en América, tomando en cuenta la noción de soberanía representativa a nivel continental y bajo el diseño de nación hispana. Fue la primera experiencia peruana, aunque siendo parte del Estado español, dentro de un proceso de elecciones organizado por la iglesia que tomó como centro a las parroquias, las que contaban con el resumen demográfico de cada pueblo.

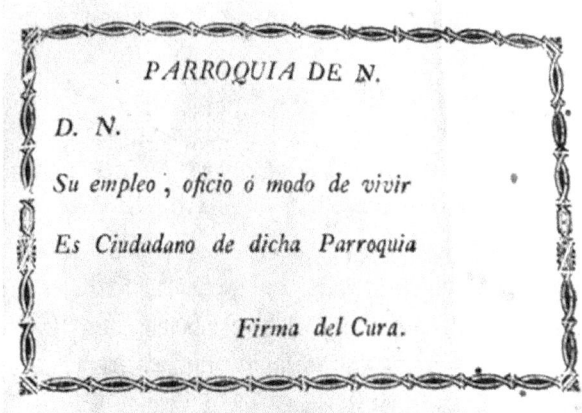

Cédula de votación parroquial para los representantes a Cádiz (1813)

Modelo que continuó hasta mediados del siglo XIX. Conforme se constituían las Cortes con miembros suplentes y elegidos hasta que en cada circunscripción de produjesen las elecciones o designaciones, fueron expidiéndose normas como el Decreto I del 24 de septiembre de 1810:
Los diputados que componen este Congreso, y que representan la Nación española, se declaran legítimamente constituidos en

Cortes generales y extraordinarias, y que reside en ellas la soberanía nacional...reconocen, proclaman y juran de nuevo por su único y legítimo Rey al Señor D. Fernando VII de Borbón...declaran las Cortes generales y extraordinarias que se reservan el ejercicio del Poder legislativo en toda su extensión (Cortes Generales, 1987, pp. 27-28).

Declaración que estableció el diseño de la trilogía del ejercicio del poder y donde las Cortes, en nombre de la Nación española de ambos hemisferios, adoptaron el liderazgo político frente al Poder Ejecutivo -transitorio y ejercido por el Consejo de Regencia- y el Poder Judicial, conformado por los Tribunales. Situación que es corroborada con el Decreto II, del 25 de septiembre al indicarse que las Cortes recibirán el tratamiento de Vuestra Majestad y mientras dure el cautiverio de Fernando VII, el consejo el de Alteza. Dichos decretos mostrarían un segundo rasgo de constitucionalismo hispano al iniciar un proceso constituyente que no estaba previsto originalmente y cuyo pilar se basó en la recreación del concepto de nación y por otro lado en lo que Bartolomé Clavero denomina declaración de poderes.

La condición de extraordinarias otorgó a las Cortes la autoridad para la elección de su Presidencia rotativa, sin mediar la injerencia de poder alguno, contando con su propio ente de control bajo la Comisión de Poderes. Como deja entrever Clavero, la propuesta de redactar una Constitución por parte de la representación de las Cortes no estuvo del todo clara al inicio pues la propuesta de reformas no implicaba la redacción de una Carta fundamental, más conforme funcionaban las comisiones, entre ellas la de Constitución, se aprecia un pase gradual del concepto de mandato a representación con poder constituyente, generándose de esta manera "el derecho de establecer sus leyes fundamentales y de adoptar la forma de gobierno que más convenga, gobierno en el sentido entonces de Estado". (Clavero, 2003, p. 19).

Como indica Marie-Danielle Demélas, las cuotas para la elección de diputados se establecieron debido a uno por cada:
25 mil habitantes (Puerto Rico), por 150 mil habitantes (Cuba y Florida), 200 mil habitantes (Chile), 225 mil habitantes (Guatemala y Quito), 400 mil habitantes (Caracas), 525 mil habitantes (Buenos Aires), 650 mil habitantes (Lima), 725 mil habitantes (Santa Fe), 891 mil 666 habitantes (Nueva España) y

un millón 200 mil habitantes (Filipinas) (Démelas, 1992, p. 150, nota 155).

Finalmente, el número de diputados en Cádiz fue de 303 representantes, aunque nunca estuvieron todos reunidos debido a las circunstancias mismas de su prolongada duración.

Ha de recordarse que las mismas duraron cerca de tres años…en dicho lapso se celebraron 1810 sesiones, de ellas 978 ordinarias, 18 extraordinarias y 814 secretas. Diputados americanos participantes 63, de los cuales diez de un total de 37 presidentes, 12 de 35 vicepresidentes y 11 de 36 secretarios (Meléndez, 1987, p. 111).

Los criollos en su *Propuesta de los Diputados peruanos a las Cortes de Cádiz* sobre la igualdad de peninsulares y criollos, sostuvieron en el artículo 8° que:

Los americanos, así españoles como indios y los hijos de ambas clases, tienen igual opción que los Estados europeos para toda clase de empleos y destinos, así en la Corte como en cualquier lugar de la Monarquía, sean de carrera eclesiástica, política o militar (Pareja, 1951, 402).

Planteamiento que proseguirá en los debates parlamentarios más aún cuando se trataba de aquellos lugares con alto índices de población indígena como México, Guatemala y Perú, focos de insurrección y donde los constituyentes sólo optaron por conceder el trato de igualdad legal.

Del conjunto de americanos, fueron representantes del Virreinato del Perú: Dionisio Inca Yupanqui, diputado por el Perú.- Antonio Zuazo, diputado por el Perú.- José Lorenzo Bermúdez, diputado por la provincia de Tarma del Perú.- Pedro García Coronel, diputado por Truxillo del Perú.- Ramón Feliu, Diputado por el Perú.- Vicente Morales Duárez, diputado por el Perú.- José Joaquín de Olmedo, diputado por Guayaquil.- Blas Ostolaza, diputado por el reyno del Perú.- José Antonio Navarrete, diputado por el Perú, secretario (García Belaunde, 2016, p. 96).

La coyuntura fue pertinente para replantear las condiciones de identidad, bajo los auspicios de una sola nación, como sostuvo el diputado suplente Ramón Olaguer Feliu (1820), nacido en Santiago de Chile. Partiendo del rol de los criollos en la sociedad indiana, sostenía que la soberanía estaba en función del ejercicio de la representación correspondiente:

> ...la América no puede considerarse ya como una nación pegada y sujeta a la península sino formando con ella una misma y sola nación, una misma y sola familia (p.2).

Argumento contrapuesto al del ministro peninsular Joaquín de Campillo y Cossío, quien señaló que España era lo principal y América secundario. La nueva noción de soberanía se alejaba de la figura del monarca para derivarse a los pueblos, que en palabras de Feliu, le otorgaba consistencia a la suma de las partes, formándose un todo representado por la soberanía nacional que integraba a todos los pueblos americanos. Por su parte, los europeos trataban de atenuar las demandas americanas, postulando que primero estaba la salvación de la patria que se hallaba en peligro. Así, Agustín Argüelles:

> ...reprochó duramente a sus colegas americanos la actitud de plantear permanentemente cuestiones particulares, en un momento en que los españoles europeos, a los cuales la guerra no dejaba otra posibilidad que resistir, necesitaban el apoyo moral de la solidaridad americana (Chiaramonti, 2005, p.102).

Espíritu de cuerpo que fue recreado con la noción de patria continental y más adelante, diferente a la española, y que sería la piedra angular en los procesos de independencia de los diferentes Estados en América. Proceso que terminaría por establecer el principio de autoridad independiente bajo los nuevos poderes políticos y donde el Congreso tenía el liderazgo político, lo que se consolidaba con un nuevo orden diseñado en la redacción de la Constitución.

Este sería otro rasgo de constitucionalidad, pues la experiencia manifestada en Cádiz contribuiría a la redacción de la Constitución y para delinear el funcionamiento del primer Congreso peruano y de la Junta Suprema Gubernativa (1822), a imagen del Consejo de Regencia español, que irán variando la cultura política y jurídica hispánica de la época, como fundamento del proceso constitucionalista iniciado.

En cuanto a la sociedad, el 9 de noviembre de 1812, los constituyentes gaditanos aprobaron el decreto de abolición de las mitas o mandamientos o repartimientos (Cortes, 1987, p. 3953).

Lo que no significó su desaparición absoluta ante las dificultades económicas que atravesaban primero la administración hispana y posteriormente la americana fue restablecida.

La Constitución asimiló la categoría de indio, criollo, mestizo y casta a la de español, postulando con ello un elemento común a los diferentes corpus con el requisito que sean nacidos libres y avecinados en los dominios de las Españas. Con ello creamos la noción de nacional, pero quedando restringido el de ser elegido o representante de los indígenas residentes en el Nuevo Mundo. En los debates de peninsulares y criollos se manejaron alternativas como descalificar a los indígenas por su cortedad de ingenio y propensión al ocio o por constituir un pueblo sin luces, cuyos representantes no ilustrarán acerca de las máximas de gobierno (Gálvez, 2004, 313). La Cortes no ahondaron en solucionar estos puntos, rechazaron la diversidad cultural, prefiriendo mantener la criolla como categoría jurídica la cual prosiguió en las proclamaciones independentistas, salvo la de Buenos Aires, cuya declaración fue redactada en español y quechua.

Respecto a la iglesia, la experiencia de las propias Cortes Extraordinarias y Generales de Cádiz fortaleció su rol político, jurídico y religioso. Las parroquias no sólo constituyeron los centros de votación sino de ilustración donde el sacerdote mencionaba a los candidatos para que luego de la homilía se procediera a la elección del representante. Además, los libros de parroquia mostraban el control poblacional con la información de los habitantes, desde el bautizo y hasta la defunción. Característica que proseguiría en el derecho al tratarse de un liberalismo católico, las normas correspondientes a filiación, sucesiones y familia debían asociarse al postulado eclesiástico.

En el caso americano, las coyunturas tropezaron con posiciones oscilantes entre la fidelidad al monarca que reclamaba el retorno al estado anterior a las reformas borbónicas y la ruptura con el consecuente proceso independentista, opción que era incierta en su desarrollo y composición política. El monarca constitucional personificaba al régimen y actuaba acompañado por secretarios de Estado y su discrecionalidad se hallaba articulada con el Consejo de Estado. A partir de aquí hallamos la existencia de mecanismos limitantes al ejercicio real. La responsabilidad política era transferida a los secretarios de Estado con la figura del refrendo, de acuerdo con el ramo que corresponda.

Sanción cuya iniciativa era tomada por las Cortes demandando la formación de causa a que hubiere lugar. Otro mecanismo fiscalizador se producía al negar el legislativo su consentimiento para los actos gubernamentales previstos en la ley fundamental. Dentro de la existencia de estos contrapesos en el ejercicio de poder se otorgó al monarca la facultad de sancionar la norma, la cual además podía ser negada u observada para lo cual contaba con treinta días, entendiéndose que al no sancionar ni pronunciarse por su enmienda se entendía como promulgada. Ante el control parlamentario, sobre todo de fiscalización política por infracción a la Constitución, el rey se hallaba impedido de limitar el funcionamiento del colegiado, suspenderlo o disolverlo.

Finalmente, la Carta previó el funcionamiento de legislaturas ordinarias y extraordinarias, además del establecimiento de un ente que actuaría entre período y período conocido la Diputación Permanente de Cortes compuesta por tres miembros de representantes peninsulares, tres de ultramar y un sétimo al azar de entre los miembros del legislativo. No cabe duda de que la Constitución de 1812 sentó las bases en el constitucionalismo americano y fue abriendo espacio como limitadora del poder, no sólo como normas sino en el pensamiento de filósofos y juristas. Ellos contribuyeron a innovar las reglas para la sociedad indiana basadas no sólo en las tesis del liberalismo sino con la fusión de la tradición indiana y católica, constituyendo de esta manera la etapa preliminar a nuestra historia constitucional.

Después de promulgada se mantuvo vigente con el retorno de Fernando VII al trono, quien no aceptó que su régimen absolutista se hallase convertido en constitucional. El apoyo de 69 diputados le permitió expedir el decreto del 4 de mayo de 1814 restableciendo el Antiguo Régimen y dejando sin efecto la Constitución.

En Perú, nuevamente los cargos designados, la inquisición, la mita entre otros retomaban su posición. El golpe de Estado del 1° de enero de 1820 contra Fernando VII marcó una nueva etapa en el imperio. La insurrección liderada por el teniente coronel Rafael del Riego, encargado de partir a América para derrotar a los insurgentes, hizo posible reencausar el manejo del poder real al obligar al monarca a jurar la Constitución y por ende someterse a sus designios durante el llamado Trienio Liberal (1820-1823) que permitió a los liberales ser gobierno y retomar las medidas inmediatas como la abolición del Tribunal del Santo Oficio y fomentar el desarrollo de la libertad. Los conservadores optaron por una actitud vigilante, complementaria a las conspiraciones del monarca, una de las cuales tuvo éxito con la presencia de cien mil efectivos franceses o Los Hijos de San Luis que permitieron la restauración del absolutismo y por ende la abolición de la Carta en su segunda vida.

IV. El Protectorado como forma de gobierno

El 28 de julio de 1821 representa el inicio del Estado peruano, pero además la culminación del proceso pre emancipador que retomó después de Cádiz la lucha reivindicativa por los reclamos políticos de diferentes sectores de la población ante la autoridad.

Atrás quedaron los movimientos que articularon regiones en el sur peruano como la Rebelión de Túpac Catari en el Alto Perú y la de los hermanos Angulo con Mateo Pumacahua en Cusco y Arequipa, las conspiraciones de indios, mestizos y criollos. La férrea represión de los entonces virreyes José Fernando de Abascal y Souza (1806-1816) y la de Joaquín de la Pezuela Griñán (1816-1821), permitió brindar cierta estabilidad a la corona hasta la intervención de José de San Martín liderando la expedición argentina y luego chilena, desde 1818.

Hasta entonces, las revueltas no habían alcanzado a doblegar el manejo del poder central encarnado en el virrey, pudiendo ser derrotadas con el apoyo del ejército real, las milicias y hasta de los curacas. Situación que nos presenta que la percepción de la emancipación no era uniforme, sino que se daba mayormente de las ciudades y de las zonas económicas, sobre todo en los ejes de comercio. Proceso que fue articulando a diferentes sectores integraban la protesta de las naciones americanas contra el régimen español, exigiendo la modificación y eliminación, en el mejor de los casos, de sus medidas regias, pero que al no proceder o hacerlo tardíamente fomentaron la independencia. En el modelo indiano, Perú como México habían representado los bastiones de la defensa del hispanismo en América y su fidelidad, poniendo en riesgo la emancipación de las otras demarcaciones políticas como Argentina (Tucumán, 9 de julio de 1816), Chile (Talca, 12 de febrero de 1818), y la Gran Colombia (Angostura, 1819).

La expedición libertadora del general José de San Martín se sumó a los movimientos integrados de españoles, criollos, mestizos, indios, castas y negros que optaron por la decisión de guiar su propio destino. Desde el desembarque en Pisco, el 8 de setiembre de 1820, el ejército sanmartiniano tuvo la misión de convocar el respaldo de los pueblos para legitimar su actuación independentista y lograr la adhesión de sus habitantes.

La proclamación de la independencia en la ex intendencia de Trujillo el 29 de diciembre de 1820 fue trascendental pues era una destacable demarcación política después del virreinato. A ella se sumaron las acciones militares corroboraron la estrategia del Libertador, creando el momento propicio para expedir la primera disposición legal de la administración peruana: El Reglamento Provisional que establece la demarcación del territorio que ocupa el ejército argentino-chileno, con el cual se diseñaron los primeros departamentos así como sus primeras autoridades: Presidentes de Departamento (más adelante denominados prefectos), los gobernadores, los teniente gobernadores, los agentes fiscales (contralores), la junta superior de Hacienda y el primer tribunal republicano: La Cámara de Apelaciones, con sede en Trujillo. Se mantuvo el carácter confesional de la organización política que adoptó a la religión católica como oficial del Estado.

El proceso de cambio en Perú demandó la existencia de un líder en cual concurriesen las voluntades del pueblo emancipador, así como el mando militar y político (ejecutivo y legislativo). Razón por la cual se expidió el decreto del 4 de agosto de 1821 que instituyó el Protectorado, con lo cual se cubría el vacío ocasionado con el acto fundacional del Estado peruano, designándose a José de San Martín como titular del poder.

Con el Protector del Perú, aparece el gabinete del gobierno integrado por los ministros de Estado: En el despacho de Estado y Relaciones Exteriores Juan García del Río (nacido en Cartagena de Indias); Guerra y Marina Bernardo Monteagudo (procedente de Tucumán) y Hacienda, a cargo de José Hipólito Unanue y Pavón (nacido en Arica). La judicatura recayó en la Alta Cámara de Justicia, tribunal nacional recién constituido. Acciones que correspondían al tenor de los discursos de los liberales peruanos que no cesaban en postular la libertad, igualdad y fraternidad de la Declaración de Derechos del Hombre y del Ciudadano en este proceso. Pensamiento que comulgó con las palabras del flamante jefe del Ejecutivo:

> "El Estado del Perú empezó a existir desde el día que provisionalmente se establecieron las bases de nuestro pacto de asociación" (CDIP 1974, Tomo XIII, vol. 1, p. 249).

Con este mandato se inició el primer militarismo que concluirá en 1872 con el ascenso de Manuel Pardo, primer presidente civil elegido en el despacho de la Presidencia de la República. Mientras tanto, el nuevo régimen independiente declaró abolida en todos sus artículos la Constitución de 1812, lo cual se produjo políticamente. Sin embargo, su influencia doctrinaria prosiguió, siendo una de las referencias obligadas de los legisladores en la redacción de los próximos textos constitucionales y más adelante en las aulas universitarias.

V. Las primeras disposiciones del naciente Estado peruano

El nuevo régimen fue transitorio y condicionado a la coyuntura de la guerra como a la convocatoria próxima para la representación política nacional. Mientras tanto, mediante el Ejecutivo se iban sentando las bases estatales del diseño estatal a través de sus decretos, lo que será una constante en la historia constitucional peruana, desde entonces, dejando al Judicial con total autonomía, como sostuvo el propio San Martín:

> Pero me abstendré de mezclarme jamás en el solemne ejercicio de las funciones judiciarias, porque su independencia es la única y verdadera salvaguarda de la libertad del pueblo (García Belaunde, 2016, p. 9).

Luego de la independencia la organización territorial y bajo el modelo departamental francés que reemplazara a las intendencias y de partidos libres, existentes al 12 de febrero de 1821, se agregó la circunscripción de Lima, el cual incluyó los partidos de Yauyos, Cañete, Ica hasta Nazca.

"Sin embargo, este proceso se vio alterado el 26 de abril de 1822 cuando el Supremo Delegado José Bernardo Tagle reorganizó el espacio físico con más partidos libres para dar lugar a once departamentos, constituyendo la base electoral que permitiría contar con una representación nacional, según el Reglamento Provisional que establece el método para elecciones..." (Tarazona 1946, p. 31-38). La vigencia de las hostilidades del ejército realista en la sierra influyó en la composición de las demarcaciones internas en el papel, respondiendo más a criterios mediáticos que a técnicos, probablemente por otorgar más legitimidad a los elegidos.

ESTADO que manifiesta las siete Intendencias en que está dividido el Virreynato de Lima, con expresión de las Ciudades y Pueblos que comprehenden, número de sus Doctrinas y el de sus havitadores, con distinción de las respectivas clases a que estos corresponden:

INTENDENCIAS	PARTIDOS	Ciudades	Villas	Pueblos	Doctrinas	Clérigos
Intendencia de Lima	Cercado	1	..	6	14	309
	Cañete	1	1	4	7	15
	Ica	1	2	3	10	22
	Yauyos	..	..	25	7	12
	Huarochirí	..	..	39	11	15
	Canta	..	..	54	9	20
	Chancay	..	2	28	9	18
	Santa	..	1	13	7	10
	Total	3	6	172	74	431
Id. de Truxillo	Cercado	1	..	6	10	114
	Lambayeque	..	..	7	20	52
	Piura	..	..	14	10	61
	Caxamarca	..	1	26	17	34
	Guamachuco	1	..	23	8	54
	Patas	..	..	13	3	11
	Chachapoyas	..	..	60	17	34
	Total	2	1	149	85	450

Población por intendencia.
PUENTE CANDAMO, José A. (1959) La Emancipación en sus Textos:
El Estado del Perú. Tomo I, p. 6. Lima. Instituto Riva-Agüero.

Religiosos	Religiosas	Beatas	Españoles	Indios	Mestizos	Castas libres	Esclavos	TOTALES
991	572	84	18.219	9.744	4.879	10.231	17.881	62.910
19	"	"	465	7.025	737	992	3.363	12.616
75	"	"	2.158	6.607	3.405	4.305	4.004	20.576
"	"	"	13	8.005	93	1.451	..	9.574
"	"	"	220	13.061	992	19	81	11.031
"	"	"	57	10.353	1.723	"	..	12.133
15	"	"	969	7.500	1.081	758	3.604	13.945
"	"	"	279	873	1.237	108	827	3.334
1.100	572	84	22.380	63.161	13.747	17.864	29.263	149.112
60	129	"	1.434	4.577	1.549	2.557	1.881	12.031
27	"	"	2.309	22.333	5.443	3.193	1.811	35.193
18	"	"	2.874	24.797	10.654	5.203	884	44.491
50	33	"	7.835	29.692	22.299	1.875	328	62.196
"	"	"	2.273	17.117	18.367	250	79	38.150
3	"	"	987	4.627	7.673	194	8	13.506
11	"	"	1.396	12.504	10.951	486	13	25.398
169	162	"	19.098	115.647	76.949	13.758	4.724	230.967

El proceso incipiente de la emancipación motivó la aplicación gradual de los principios de libertad e igualdad que había enarbolado. Los discursos gubernamentales, en este sentido, demostraron una voluntad proactiva reflejada en los decretos a favor de los indios y de los esclavos.

CONTINUACION DE LA POBLACION

Puno......	La Intendencia de Puno según las Matrículas de tributos y los documentos más calificados con que á falta de censo podemos contar comprende 160,682 Indios y 24 á 28 mil entre españoles y mestizos; y suponiendo como un promedio de estos el número de 26,000 formaron con los 160,682 Indios el total de 186,682 almas. Hay en esta Provincia muy pocos Pardos y esclavos por lo cual nada influyen sobre este computo que se considera muy aproximada 186,682 almas referidas ..	186,682

GOBIERNOS

Guayaquil..	El Gobierno de Guayaquil según el censo de su distrito presentado por el Sr. Brigadier Don Bartolomé de Cucalon comprende arriba de 72,000 almas entre las que se cuentan como 7,500 de Pardos libres y esclavos según razón por menor de Don Gurrochategui y como 400 ó 500 entre Religiosos y Religiosas, y por estos fundados principios se establece su representación nacional en 64,000 almas y su total población en dichas ..	72,000
Chiloe.....	El de Chiloe incluso Valdivia y Osorno según los Documentos é informes que se han podido adquirir, pues no hay de estas provincias censo alguno, puede regularse sin error sensible de una población de 60 á 65,000 almas compuesta de españoles de ambos emisferos sin mezcla de otras castas y así se asienta por muy próximo á su verdadera población el número de 62,000 almas	62,000
Maynas....	El de Maynas según las matrículas para tributos comprende 3,901 indios y habiendo en el pocos españoles blancos y casi ninguno de otra raza se supondrá de 4,000 almas	4,000
Quijos	El de Quijos por las mismas matriculas tiene 4,050 indios y por iguales razones que el de Maynas lo supondremos de 4,200 pobladores ...	4,200
Población total aproximada del Reyno y los gobiernos que le pertenecen ...		1.509,551

RESUMEN

Españoles	178,025
Indios	954,799
Mestizos	287,486
Esclavos	89,241
Total general	1.509,551

Dr. Yh. de Herrera y Sentmanat. *

* En Luis Antonio Eguiguren. Guerra separatista del Perú. Lima 1912. p. 217-227.

Respecto a la mita, el régimen independiente por decreto del 28 de agosto de 1821 señaló:

"Queda extinguido el servicio de los peruanos, conocidos antes con el nombre de indios o naturales hacían bajo la denominación de mitas, pongos.

"Queda abolido el impuesto que bajo la denominación de tributo se satisfacía al Gobierno Español...en adelante, no se denominarán a los aborígenes indios o naturales: ellos son hijos y ciudadanos del Perú y con el nombre de Peruanos deben ser conocidos".

Norma que, aunque buscaba revalorar a este colectivo social, terminaría por ser contraproducente, pues si los indios eran los ciudadanos, que nombre le daríamos a los otros sectores que integraban esa sociedad, cuyos parámetros conservaron las prácticas hispanas tendientes a una comunidad más corporativa que igualitaria, manteniendo el mismo grado de aceptación y hasta de dependencia como se puede corroborar en la literatura de época. En los padrones parroquiales se sustituyó la denominación indio por la de peruano, retornando al término original a partir de 1834.

Respecto a la esclavitud, la actitud gubernamental se inclinó por dictar dispositivos que no abolieron la institución en sí, sino actuaron como paliativos: Primero, la libertad de vientres estableció que los nacidos a partir del 28 de julio de 1821, hijos de esclavos, serían libres. Segundo, el sorteo de veinticinco individuos, quienes serían favorecidos con la libertad. Tercero, el enrolamiento de esclavos en el ejército patriota los que luego de cumplir su servicio lograrían el reconocimiento como hombres libres. La consideración de la esclavitud como consecuencia del derecho de propiedad que tenían los amos hacía difícil su eliminación, pues la única posibilidad era realizar la expropiación de los esclavos o bienes. Práctica que como contraparte requería del pago de una indemnización justa a los propietarios y que en ese momento no se podía efectuar por la carencia de recursos de la sociedad jurídica política.

El gobierno garantizaba el orden jurídico bajo las normas y costumbres del virreinato, pero actuando también como agente de cambio introduciendo, de manera incipiente, el principio de legalidad a sus actos en esta realidad diversa. Así, el nacimiento del derecho nacional, por su naturaleza, respondió al carácter institucional no descartando la tradición romano-canónica ni en su contenido ni en la parte procesal, mantenida en las enseñanzas brindadas en los colegios mayores y como en la Universidad de Lima como en sus similares españolas, hasta mediados del siglo XIX. Las publicaciones de textos hispanos como sus reediciones tuvieron acogida en ambos hemisferios, agregándose literatura francesa y excepcionalmente inglesa, alemana y portuguesa. A ello se sumó la labor de la prensa, denominada doctrinaria, que se convirtió vehículo de divulgación para los sectores ilustrados a través de las transcripciones o traducciones fidedignas de los textos políticos contemporáneos.

El Estatuto Provisional del 8 de octubre de 1821, fue la segunda gran norma de esta administración. Expedida por el Protector para el régimen de los departamentos libres., reflejó la propuesta gubernamental imponiendo las instituciones y gobernanza del Estado en correspondencia a la vida nacional, mientras no se dictase la Constitución. En primer lugar, se estableció quienes eran peruanos, de acuerdo con el nacimiento en el territorio (*ius soli*) o mediante la filiación, por ser descendientes de peruanos, con lo cual se apelaba al uso de criterios convencionales que vinculasen a los nacionales. Además, se ratificó que la religión oficial del

Estado sería la católica, apostólica y romana, requisito indispensable para ser considerado sujeto de derecho e incluso desempeñarse como funcionario público.

La dirección del Estado continuaba bajo la figura del Protector, contando con la titularidad del poder político, administrativo y militar. Para tal cometido, el Jefe del Ejecutivo estaba acompañado por los ministros de Estado en su respectivo ramo, facultados para expedir resoluciones y comunicaciones de su despacho. Responsabilidad asignada a un titular, quien tenía la obligación de rendir cuentas de la gestión, originalmente compartida con el Jefe del Ejecutivo, debido a la naturaleza del cargo. Otra creación de este momento fue el Consejo de Estado, presidido por el Protector del Perú e integrado por doce miembros: Los ministros de Estado, el general en jefe del ejército, el jefe del estado mayor, tres condes, un marqués, el presidente de la Alta Cámara de Justicia, el Deán de la Catedral de Lima y un miembro que sería designado posteriormente. Era un órgano de carácter deliberativo sobre todo en casos excepcionales. Podemos observar que esta conformación tenía la característica de ser una mixtura entre el Estado y la sociedad civil al representar a diferentes instituciones como el gobierno, la iglesia, la nobleza peruana y la fuerza militar.

El 2 de diciembre de 1821, fecha del inicio de las sesiones del Consejo se acordó, en virtud del régimen político propuesto por San Martín, designar a Juan García del Río y a Diego Paroissien para integrar la comisión cuya finalidad era la búsqueda un príncipe para el Perú entre las casas europeas. Aunque la vocación de Hispanoamérica era republicana, ello no excluía que por momentos se buscara sin ensayos monárquicos para mantener la transición durante el proceso de ruptura.

A los partidarios de esta postura se les identificó como conservadores, quienes partían del terror al desgobierno, al desorden y a la probable anarquía, viendo en la opción monárquica la garantía para la continuidad. Fueron éstos los que para justificarse sostenían que los americanos no estaban acostumbrados a mandar. Se desconoce si la idea monárquica de San Martín hubiese sido temporal o definitiva. Estando en Europa la misión Juan del Río – James Paroissien, el Protector dejó el poder, lo cual motivó que variase su propósito original, reemplazándolo por la promoción y difusión de la explotación minera e incluso concertando lo que sería el primer empréstito del nuevo Estado con Inglaterra por valor de un millón doscientas mil libras esterlinas para el presupuesto de la república.

El Consejo de Estado como institución se vio reforzado con la delegación de funciones judiciales asignadas por el Reglamento para Tribunales de 1822, y que posteriormente se derivarían al Legislativo. Este traslado de facultades, que, aunque efímero, creaba las condiciones para una distorsión en la aplicación de la separación de funciones políticas de aquellas que no lo eran. Podemos afirmar que las circunstancias de emergencia demandaron una centralización de funciones alrededor del jefe de gobierno; pero luego de finiquitadas aquellas, éstas no se transfirieron al ente correspondiente sino al Congreso, el cual vio robustecido su papel dentro de la organización estatal.

Como representante del Ejecutivo al interior del país encontramos al Presidente de Departamento (Prefecto), ejecutor directo de las órdenes gubernamentales en su jurisdicción, las que se complementaban con la de sus subordinados: el gobernador y el teniente gobernador. Estas primeras indicaciones nos revelan la existencia de matices en la centralización de funciones en un solo cargo, pero además en este caso concreto, la propuesta descentralizadora de un país que conservaba aún su organización sobre la base de las intendencias o regiones. Entre las primeras presidencias de departamento destacamos la de Trujillo (José Bernardo Tagle), Lima (José de la Riva Agüero), Huaylas (Ignacio de Alcázar) y La Costa (Andrés Reyes).

VI. LA SOCIEDAD PATRIÓTICA DE LIMA: MONARQUÍA O REPÚBLICA

Las negociaciones previas al Estado peruano revelan el interés del general San Martín por establecer el gobierno monárquico constitucional, provisionalmente, hasta que se estableciera la república, régimen en la mayoría de los nacientes Estados americanos. Defensor la monarquía fue el secretario y luego ministro Bernardo Monteagudo, quien consideró que no bastaba la divulgación de las ideas liberales en el Perú en este proceso de cambio sino preparar a los peruanos, a través de la educación y la aceptación de las leyes, la defensa de sus derechos y de las instituciones establecidas, contra toda arbitrariedad. Con ello, se lograría cambiar la percepción de los peruanos, mientras tanto a modo de bando, las proclamas ayudarían a tomar conciencia de los principios liberales que enarbolaba la independencia.

Mientras se expedían las medidas gubernamentales, el régimen creyó conveniente convocar a 40 notables provenientes de la intelectualidad, la nobleza, la burocracia y del comercio para conformar la Sociedad Patriótica de Lima con el fin de discutir la conveniencia del régimen que debía adoptarse, siendo establecida el 10 de enero de 1822. Monteagudo encarnó el plan sanmartiniano Como secretario del Libertador, él planteó medidas radicales y extremas contra los españoles residentes en el Perú actitud que le otorgó la fama de tener hispanofobia, la misma que le costaría más adelante su expulsión del país en 1822:

> ...Hoy se teme conceder demasiado poder á los gobernantes,..., pero en mi concepto es mucho más de temer la muy poca obediencia de los gobernados (CDIP 1974. Tomo XIII, Vol. 1, pp. 243 y ss.).

Como vemos, no bastaba sólo la asimilación y el convencimiento de las ideas liberales para la marcha de la nueva sociedad pues ésta sólo se llevaría a cabo en la medida que el pueblo fuese ilustrado. De lo contrario, la ignorancia permitía que la autoridad se convirtiese en tirano dominando al pueblo sin mayor dificultad. La flexibilidad de la teoría política de Monteagudo nos ilustra que su variación correspondió a los sucesos de la época. Hasta entonces, los adeptos a la monarquía secundados por José Ignacio Moreno, José Cavero y Salazar e Hipólito Unanue constituían la mayoría.

En opinión de Monteagudo, los peruanos progresivamente tomarían conciencia -a través de las proclamas- de los principios que aportaba la independencia. Dado que en el Perú era donde estaba más radicado el espíritu de la metrópoli por el número de peninsulares residentes era incompatible el ejercicio de las ideas democráticas en los otros grupos, diferenciados social y racialmente. De ahí la necesidad de desterrar todo escollo con la expulsión de los españoles, y la consecuente confiscación de sus bienes. Así se resume su primer propósito:

> [para]... borrar hasta los vestigios de esa veneración habitual, que los hombres tributan involuntariamente á los que por mucho tiempo han estado en posesión de hacerlos desgraciados (Monteagudo, 1823, p. 10).

Odio que alcanzó incluso a quienes habían jurado la independencia peruana y solicitado su carta de naturalización. A continuación, Monteagudo sostuvo que no solo bastaba liberar a los pueblos, sino distinguir la distribución de las riquezas y el nivel de preparación de los habitantes en su conjunto, con lo cual se complementaba la libertad. El Perú representaba una sociedad heterogénea con condiciones socioeconómicas determinantes:

> Un pueblo que acaba de estar sujeto á la calamidad de seguir tan perniciosos hábitos, es incapaz de ser gobernado por principios democráticos. Nada importa mudar de lenguaje, mientras los sentimientos no cambien... (Monteagudo, 1823, p. 13).

El tercer principio se inclinaba al fomento de la instrucción pública, la que garantizaría que cada habitante y ciudadano conociese sus deberes y derechos, llegando a convertirse en fiscalizador de la autoridad. De ahí, la necesidad del régimen en fundar Biblioteca Nacional del Perú e innovar la instrucción a través del método de enseñanza lancasteriano bajo la dirección del presbiteriano Diego Thompson, quien vino de Chile y permaneció en Lima hasta 1824.

El cuarto principio sostenía que la forma de gobierno debía salvaguardar la libertad del individuo a través de la Constitución, limitando el funcionamiento el uso del poder a través de tres órganos. La cristalización de la felicidad sólo se daría con un gobierno que promueva el desarrollo del trabajo, de la industria y de los talentos, reduciendo el abismo social que existía con los sectores mayoritarios y donde la esclavitud gradualmente se irá aboliendo, pues constituía un derecho de patrimonial.

Por su parte, el clérigo José Ignacio Moreno que la situación en la cual se encontraba el Perú no albergaba las condiciones para la implantación de un sistema que fuese inclusivo, más aún cuando la ignorancia predominaba en los sectores mayoritarios. De ahí la necesidad de un líder con actitud fuerte que actúe por el bienestar de la población, similar actitud del monarca en el Despotismo Ilustrado.

Mientras tanto, el liderazgo republicano reposó en manos del abogado Manuel Pérez de Tudela, quien el mecanismo que permitía la vida de sociedad estaba basado en la felicidad producto del ejercicio de la libertad, seguridad e igualdad que se resumía en la frase: *Firme y Feliz por la Unión.*

A ello se sumaron los argumentos que más calaron en el debate político provinieron de otro republicano que no fue invitado a la Sociedad. Bajo el seudónimo del Solitario de Sayán, José Faustino Sánchez Carrión (Huamachuco 1787) destacó como principal opositor al sistema monárquico, para quien el término era sinónimo de decadencia mientras que emancipación significaba república. Autor de las Cartas remitidas por el Solitario de Sayán, sostuvo que:

> Los infinitos males que se conocen en nuestra patria no son incurables sino porque no se quiere aplicarles los específicos convenientes, o porque no se toma el trabajo de buscar el origen que los produce (CDIP, 1974, Tomo I, Vol. 9, p. 15).

Su influencia mediante la relación epistolar con este cenáculo o a través publicaciones generó gradualmente cambios de postura en los miembros de la sociedad. De sus Cartas, en alusión a Montesquieu y Aristóteles, podemos inferir que la forma de gobierno debía estar en función al territorio, las costumbres y el carácter de sus pobladores. Los derechos no podían ser defraudados, pero sí disfrutados en toda la plenitud de su ejercicio; respetándose los principios de libertad, seguridad y propiedad. La frase de Sánchez Carrión *"La nación no es más que una gran familia, dividida y subdividida en muchas"*, evoca la necesidad de articular a cada comunidad en el interés general, donde cada cual sería responsable de su propio destino para lograr la felicidad propugnada por la ilustración. La inadaptabilidad del gobierno monárquico al Estado peruano estaba basada en el carácter de los peruanos, quienes se hallaban acostumbrados a recibir lo que se dé, siendo propensos a convertirse en vasallos y no en ciudadanos; aunque la monarquía fuese constitucional.

Era necesario superar los privilegios de la sociedad virreinal por una meritocracia, donde por sus talentos, méritos y educación los individuos serían preferidos. Las leyes eran los frenos para los actos de la autoridad y del hombre en sociedad y no las órdenes de los burócratas, las que se convertirse en excesos. Aunque la monarquía era la forma de gobierno que más había prevalecido en la historia; la noción de pacto social rousseauniano había minado la tendencia absolutista del régimen. Sin embargo, la preocupación por el ejercicio de la libertad era latente y demandaba en esta preocupación de un sector de la población, como señaló Manuel Lorenzo Vidaurre se preguntaba si todos eran iguales, ¿quién obedecía?

La igualdad, primordial para esta construcción estatal, se daba por presunción legal para todos. Aunque se sostenía que la soberanía radicaba en el pueblo, se trataba de individuos ilustrados y propietarios que en ese momento representaban la base electoral, correspondiéndoles como electores y elegidos. Su referencia hacia los trece Estados de la Unión en Norteamérica le hizo pensar que la eficacia en el manejo del poder se produciría en una república federal, donde además se permitía el ejercicio de diferentes cultos mientras que en el Perú la identificación religiosa ha sido católica, impidiéndose la profesión de otra.

La declaración de independencia por tramos y etapas en el territorio nacional, le permitió pensar en la independencia americana. Como se sabe, fueron los partidos de Tumbes, Lambayeque y el Cercado en la ex intendencia de Trujillo, quienes declararon primero su emancipación; luego en el centro el partido de Huaylas y en el sureste el de Huamanga. Circunscripciones que luego se articularon al país en 1825, lo que no excluyó la pervivencia del poder de las élites de poder, locales o regionales.

El día 12 de julio de 1822 la Sociedad Patriótica de Lima concluyó sus sesiones y su presidente Bernardo Monteagudo expuso ante el Consejo de Estado que se había decidido dejar al próximo Congreso tomar la decisión por la forma de gobierno que mejor convenga. De esta manera, la opción monárquica sanmartiniana fracasó por el recuerdo del sistema del régimen anterior, pero sin embargo, la tendencia a una república con gobierno fuerte y con matices parlamentaristas pervivió como constataremos más adelante en las siguientes coyunturas.

CAPÍTULO DOS

Inicios del constitucionalismo peruano

I. LA PRIMERA EXPRESIÓN CONSTITUYENTE: EL CONGRESO DE 1822

Por decreto Protectoral del 27 de diciembre de 1821 se convocó a elecciones para el próximo Congreso Constituyente con la intención de definir la forma de gobierno y elaborar la constitución para el país, sinónimo de una sociedad que garantizaba sus derechos y contaba con la separación de poderes. Dicho decreto estableció que las facultades que: *"den los pueblos á sus diputados, se contraerán exclusivamente a estos objetos y serán nulos los que excedan de ellos"*.

El Consejo de Estado y la comisión de Constitución del Congreso fueron los encargados de examinar el proyecto de reglamento que contempló el número de sufragantes. Para ello, se utilizó el censo de la Guía de Forasteros del año de 1797 con el añadido de un diputado por cada 15 mil almas (habitantes). El proceso electoral se produjo después de las entrevistas de los Libertadores José de San Martín y Simón Bolívar en Guayaquil. Documentos del Protector revelan la necesidad de contar con el Congreso y con sus mecanismos de fiscalización del poder político.

La desaprobación de la monarquía como forma de gobierno, había ahondado en el desgaste del régimen, agregándose a ello el revés de la guerra, la deportación de Monteagudo a Chile y oposición tenaz de sectores limeños simpatizantes del republicanismo que hablaban del rey José, en alusión a San Martín.

Utilizando a las parroquias como lugares de sufragio contando como el antecedente las elecciones para las Cortes de 1812, se produjo el proceso de elección para la primera representación nacional que arrojó 117 diputados (79 titulares y 38 suplentes), de los cuales 28 eran abogados y 26 eclesiásticos. Sobre todo, en circunscripciones temporales por hallarse aún bajo el dominio del virrey José La Serna. Circunstancia semejante si pensamos en la experiencia gaditana de 1810.

El día de la instalación, el 20 de septiembre de 1822, el Protector tomó juramento a los congresistas y éstos apenas asumieron sus funciones declararon constituido el Poder Legislativo, residiendo en él la voluntad popular y ejerciéndola en su nombre.

El general San Martín hizo entrega del cargo político poniendo fin Protectorado del 4 de agosto pasado, que mantuvo un grado de institucionalidad independiente ante la convulsionada situación por la presencia del ejército realista acantonado en la sierra. Pese a ello marcó el inicio del Estado peruano, que incipiente desde entonces, fue moldeando las instituciones republicanas, cuya existencia conjugó con el protagonismo de sus líderes o caudillos y de los notables. Percepción que evidenciamos en su mensaje de despedida:

> La presencia de un militar afortunado (por más desprendimiento que tenga) es temible a los Estados que de nuevo se constituyen... Peruanos, os dejo establecida la representación nacional; si depositáis en ella una entera confianza, cantad el triunfo: sino la anarquía os va a devorar (Bilbao, 1936, p. 17).

A pedido del diputado Mariano Arce se declaró a José de San Martín:

> *"Fundador de la Libertad del Perú*, manteniendo el grado de Capitán General del Perú y asignándole un sueldo, el cual renunciaría". (Congreso Constituyente, 1822, pp.11-12).

Los congresistas de 1822, frente al ejercicio de un poder centralizado alrededor del ejecutivo y bajo la influencia de la filosofía política optaron la alternativa opuesta, ya que su agrupación era considerada como exclusivo sinónimo de representatividad.

Se buscó la dirección de los negocios del Estado desde el Poder Legislativo, ensayando una fórmula gubernamental parlamentarista que llamase al acatamiento del principio de autoridad. Los exponentes más lúcidos e ilustrados de la sociedad virreinal junto a los republicanos se hallaban en el Congreso y pusieron los pilares de la organización jurídico-política de entonces. Al considerar a su institución como el primer poder del Estado hicieron que ésta absorbiera funciones ejecutivas, llegando a obstaculizar la finalización de la guerra entre independientes y realistas.

La tradición hispana fue ajustando la aplicación de la teoría de poderes que mantenía aún un poder centralizado, pero que luego del virrey no había conseguido una autoridad con el mismo reconocimiento. Haciendo un símil de la versión francesa, los diputados peruanos optaron por el control político del Estado incluyendo al Jefe del Ejecutivo, que sería elegido por los legisladores. Los liberales estaban convencidos que el parlamentarismo era la mejor opción para el Estado, de ahí que para la dirección de los negocios estatales determinase el nacimiento de un Ejecutivo colegiado denominado Junta Gubernativa o al consulado francés, cuyas disposiciones se asemejan al Consejo de Regencia español, como lo hemos sostenido anteriormente.

Representaba una comisión delegada del Congreso, compuesta por los diputados José La Mar (ex gobernador del Callao), Felipe Antonio Alvarado (ex alcalde de Lima) y Manuel Salazar y Baquíjano, conde de Vista Florida, con la finalidad de asumir el mando de las campañas contra las tropas realistas. El decreto de creación de la Junta Gubernativa, del 21 de setiembre de 1822, señalaba además que:

> "3° Esta comisión se turnará entre individuos del Congreso; 4° Los elegidos quedan separados del Congreso, luego que presten el respectivo juramento; 5° Esta comisión consultará al Congreso en los negocios diplomáticos y cualquiera otros" (García Belaunde, 2016, p. 113).

La función ejecutiva fue compartida con los secretarios de Estado, que reemplazaban a los ministros. Nuevamente, la fortaleza del Legislativo y la marcha del Estado peruano se hallaban condicionados al devenir de la guerra por la independencia y a la adhesión de los habitantes en los territorios aún dominados por el virrey desde el Cusco. El Congreso trató de hacer partícipes a las comunidades de indios del evento excepcional que implicaba la independencia y la lucha contra los españoles. A través de proclamas escritas en quechua se les hacía saber el beneficio de este proyecto político. En ese aspecto, la manera como procedieron no se diferenciaba del modelo carolino del siglo XVIII: *Todo para el pueblo, pero sin el pueblo* esbozando reformas sociales y luego económicas:

> "Vosotros indios, sois el primer objetivo de nuestros cuidados. Nos acordamos de lo que habéis padecido y trabajamos por haceros felices en el día: Vais a ser nobles, instruído, propietarios y representareis entre los hombres todo lo que es debido a vuestras virtudes" (Rivet y Créqui-Monfort, 1952, Tomo I, p. 287).

En ese sentido, la pretensión de los legisladores de las Provincias Unidas de Río de La Plata fue más involucradora al redactar el acta de independencia en forma bilingüe.

La dirección de la marcha del Legislativo peruano fue posible a través del funcionamiento de las Mesas Directivas o Permanentes y de sus comisiones establecidas por orden temático: Bases de la Constitución, Constitución, Bellas Artes, Comercio, Dietas y Presupuesto, Diplomática, Especial de Hacienda y Comercio, Estadística, Guerra, Instrucción y Salud Pública, Legislación, Libertad de Imprenta, Justicia, Hacienda, Memoriales, Minería, Policía, Poderes, Premios y Agricultura, Reglamento y Visita a las cárceles.

La funcionalidad del gobierno bajo la versión de la suprema junta pronto mostró evidencias de su inoperatividad, pues al ser comisión delegada, carecía de facultades más allá de las estipuladas. El poder real y efectivo estaba ausente y el fracaso ante la Primera Expedición de Intermedios ocasionó que un sector del ejército liderado por el general Andrés Santa Cruz y Calahumana diese el primer Golpe de Estado, el 26 de febrero de 1822, imponiendo al aristócrata José Mariano de la Riva Agüero y Sánchez Boquete, marqués de Montealegre de Aulestia como primer presidente del Perú:

"Balconcillo, es pues... un episodio de hondas repercusiones, no sólo inmediatas sino futuras, en la vida nacional, porque en Balconcillo se da por primera vez el caso, repetido en nuestra historia, de los alzamientos militares" (Rávago, 1959, p.52).

Golpe de Estado cuyo correlato cercano lo podemos observar en el Motín o pronunciamiento de Aznapuquio cuando en el general José La Serna, apoyado de un sector del ejército, presionó al virrey Joaquín de la Pezuela para que lo nombre general en jefe y renuncie. Ello como consecuencia a su debilidad ante las negociaciones con San Martín, previo a la independencia peruana.

Francisco Javier Luna Pizarro, presidente del Congreso renunció y se expatrió a Chile. Riva Agüero, anterior coronel de milicias y luego del ejército contaba con la anuencia de un sector de la sociedad limeña y se había desempeñado como Prefecto del Departamento de Lima. Riva-Agüero, quien además era abogado, fue encumbrado como Jefe Supremo de la Fuerza Armada, optándose por otorgarle el grado máximo castrense para no tener dificultad con los institutos a los que debía mandar, pensamiento que perduraría hasta el siglo XX y fuera reproducido con el entonces comandante Luis M. Sánchez Cerro.

El gobierno con el apoyo del ejército se dedicó a proseguir la campaña mientras que el Poder Legislativo prosiguió con la redacción la carta política que se añadiría a las disposiciones transitorias sanmartinianas.

II. LA CRISIS DE GOBERNABILIDAD: EL PRIMER PRESIDENTE DE LA REPÚBLICA PERUANA

El gobierno liderado por José de la Riva-Agüero tuvo un fracaso gravitante con la pérdida de la II Campaña a Intermedios poniendo en riesgo los avances de la administración independiente. La contraofensiva realista desencadenó su responsabilidad ante el Congreso que optó por destituirlo el 23 de junio de 1823. Ante el temor de la ocupación realista de la capital, el Legislativo se trasladó al castillo del Real Felipe.

El defenestrado expresidente partió a Trujillo con algunos empleados y miembros del Congreso que le eran fieles. Mientras tanto, la parte que permaneció en el Callao designó a José Bernardo Tagle, marqués de Torre Tagle como segundo presidente del Perú. Circunstancia que mostraba en el territorio peruano tres administraciones: dos de ellas independientes y el gobierno virreinal con sede en la ciudad del Cusco. Riva Agüero con los miembros afines estableció en el norte la Cámara de Senadores presidida también por él, cuyos miembros correspondían a los diez departamentos establecidos para las elecciones de 1822. Hipólito Unanue, se desempeñó como vicepresidente de la Cámara y senador por Tarma. Pese a la amistad con el presidente de facto, primó el deterioro de la situación política debido al incremento de la inestabilidad, abandonando esta aventura para retornar a Lima. Con el reinicio de sesiones el 6 de agosto, el Congreso tomó medidas urgentes: El envío de una comisión conformada por los diputados Joaquín Olmedo y José Faustino Sánchez Carrión para invitar al Libertador Simón Bolívar a concluir la emancipación. En segundo lugar, aprobar la Constitución y confirmar a José Bernardo Tagle como único presidente de la República, lo cual se efectuó el 16 de agosto de 1823.

Bolívar, quien envió primero un contingente a disposición del congreso peruano de tres mil grancolombianos con Antonio José de Sucre a la cabeza, llegó el 1° de setiembre del mismo año y pudo percibir la fragilidad política por la cual atravesaba el país. Como medida inmediata, el Legislativo le otorgaba el mando militar y además perseguir al proscrito Riva-Agüero. En tanto en lo político, se promulgó la Constitución Política del Estado el 12 de noviembre de 1823, cuya vigencia estuvo condicionada al establecimiento de la Dictadura del año siguiente, luego por la dación de la Constitución de 1826 mientras rigió y finalmente hasta que fuese sustituida en su integridad por la siguiente Carta.

III. LA CONSTITUCIÓN DE 1823

Teniendo como antecedentes las Bases de la Constitución, del 17 de diciembre de 1822 y la doctrina de la Constitución española de 1812, la comisión de Constitución finalmente terminó de redactar y el pleno aprobar el primer texto nacional. Inspirados en el contrato social o pacto, la Carta tuvo la finalidad de promover la unidad de los diferentes sectores que integraban el Estado peruano. Impuso el primer diseño estatal constitucional que conjugó la organización política, proveniente de la influencia hispana y francesa con la idiosincrasia nuestra.

Estableció el acatamiento a la autoridad, plasmó en sus artículos la idea de la nación peruana como punto de partida para reunir a su alrededor a todos los habitantes donde la organización política contaba con jurisdicción. Bajo el pensamiento galo del Estado nación, su similar peruana se construyó sobre la identidad criolla, asimilando la religión e idioma castellano proveniente de los españoles y que perviviría hasta el siglo XX, bajo una perspectiva liberal que además era racial.

Se asignó el ejercicio del poder electoral bajo la supervisión del Congreso, el mismo que se desarrollaría complementando los comicios efectuados para la elección de los Diputados provenientes de los colegios electorales parroquiales a la usanza gaditana. El sistema era indirecto y concluía con el escrutinio de las actas por parte del Legislativo, como garantía ante posibles desaciertos en caso de que fuese una versión directa. El presidente de la República era elegido por el Congreso y por ello daba cuenta de sus actos en materia política y militar de la República ante él. Hecho que nos remite al sistema parlamentario, seno de donde proviene el gobierno, pero con la peculiaridad que no comprendía a los ministros.

El ente congresal estaba constituido en su origen de manera unicameral. Se había previsto un mecanismo de renovación de los congresistas por mitad cada dos años; aunque ello no impediría la presencia de líderes locales o regionales al interior del Congreso, colocándose por encima del criterio técnico el de índole individual. Sólo los miembros del Congreso gozaban del derecho de iniciativa de las leyes, argumento que se basaba en la creencia que una institución pluripersonal sería la garantía que la norma conservase las características de abstracción, impersonalidad e infalibilidad.

Existía el Senado Conservador, entidad aparte del Legislativo, cuyos miembros eran elegidos por las provincias siendo tres por departamento (dos titulares y un suplente). Éstos eran los guardianes de la Constitución y nombraban a los funcionarios públicos (civiles y eclesiásticos). Se hallaba facultado para formular acusación contra el Jefe del Ejecutivo, los ministros y miembros de la Corte Suprema de Justicia por infracción a la Constitución. El requisito para ser senador nos muestra que pocos electores calificarían pues era necesario poseer una propiedad cuyo valor excediera 10 mil pesos o una renta de 2 mil. Finalmente, la duración del cargo era de doce años y los integrantes podían ser laicos o eclesiásticos, en cuyo caso el número se limitaba hasta seis.

En lo referente al Ejecutivo y luego de la experiencia la Suprema Junta Gubernativa, los legisladores optaron por la figura del Presidente de la República, acompañado por el vicepresidente. Una vez producido sus nombramientos por el Congreso de la República, procedía el presidente a nombrar a sus ministros. Tanto él como sus altos funcionarios contaban con la responsabilidad política de sus actos. Como gobierno reunía en sí la burocracia nacional (civil y eclesiástica) así como la fuerza armada, siendo requisito para su admisión, además de las habilidades o capacidades del cargo respectivo, ser católico. Desde la experiencia sanmartiniana se configuró que los ministros eran los altos funcionarios políticos en el ramo correspondiente, siendo el más antiguo de ellos el de Relaciones Exteriores, tradición que se conserva en los protocolos hasta la actualidad.

La Constitución estableció la necesidad de limitar el poder del presidente y más aún que no fuese hereditario ni vitalicio (adelantándose a criterios que perpetuarían el ejercicio del poder). Se optó por impedir la reelección inmediata a dicho cargo. En el ejercicio de la función pública comenzaba a perfilarse el requisito de la nacionalidad peruana, sea por nacimiento en el territorio, vínculo filial o por naturalización, restricción que se oponía al americanismo continental, vigente aún en el desempeño de los cargos políticos o militares peruanos: Joaquín Olmedo (Guayaquil), José La Mar (Cuenca), José de Santa Cruz (La Paz) etc. El vicepresidente asumiría las funciones en sustitución del presidente, en caso de muerte, renuncia o destitución y en ausencia de éste, le correspondía al Presidente del Senado detentar las funciones hasta la próxima elección.

La promulgada Constitución que enarboló el liberalismo independentista impuso la formalidad bajo el discurso revolucionario, pero al mismo tiempo utilizó la usanza hispana en el contenido pues prosiguió la implementación de las reformas borbónicas bajo la propuesta del ciudadano-presidente. Liberalismo que fue abriendo paso a la imposición de la ley como fuente del derecho iniciada ya desde las proclamas de San Martín, la cual se complementaría con la costumbre, la doctrina y la jurisprudencia. Proceso que se iría produciendo de manera gradual en los lugares donde el Estado peruano tenía presencia. En el ínterin de pasar de un régimen a otro, se optó por afianzar el vínculo peruano Estado dentro de una mentalidad que postulaba a la organización política sólo como autoridad.

La independencia demandó la creación artificial de hábitos, como en Francia, que propiciaran una conducta comprometida con el país, para lo cual el Congreso creaba iconos que acercasen al poblador a esta gran epopeya que implicaba la independencia y tomando de referencia un hecho significativo al estilo de los revolucionarios franceses:

> "Instituir las fiestas nacionales para mantener la unión cívica, avivar el patriotismo y perpetuar la memoria de los sucesos más célebres de la Independencia nacional". (García Belaunde 2017, p. 134)

La Carta de 1823 reconoció el sufragio universal para todos los que calificasen como ciudadanos, siendo necesario ser nacional (por nacimiento en el territorio o por filiación), ser mayor de 25 años -edad que provenía de la tradición romano-canónica- o casado, contar con una propiedad -sobre todo inmueble-, ejercer una profesión u oficio útil en la industria y finalmente ser independiente. En principio, el requisito de saber leer o escribir quedaba suspendido hasta 1840. Para los empleos públicos como para los cargos políticos era indispensable ser católico, además de cumplir con las exigencias correspondientes. Como indicamos, el sistema de elecciones era indirecto basado en los colegios electorales parroquiales y provinciales para la elección de representantes congresales.

El órgano judicial fue diseñado tomando como máxima instancia en impartición de justicia a la Corte Suprema de la República y referencia a la ex Real Audiencia de Lima de 1542. albergando a jueces y fiscales en la misma institución. Atrás habían quedado la Cámara de Apelaciones de Trujillo, así como la Alta Cámara de Justicia, respectivamente. Ubicada en la capital de la república, su sede fue itinerante entre el Palacio de Gobierno y uno de los ambientes del Tribunal del Santo Oficio o la Santa Inquisición. Estuvo integrada por un presidente, ocho vocales y dos fiscales, actuaba en el ámbito nacional como tribunal en última instancia.

A continuación, proseguían las cortes superiores en los nacientes departamentos o ex intendencias: Arequipa, Cusco, Huamanga, Huancavelica, Puno, Tarma, Trujillo y Lima. De éstas solo las dos últimas estaban bajo la autoridad independiente. Se hallaban compuestas por vocales y fiscales. A continuación, se hallaban los jueces de primera instancia o de derecho y finalmente los jueces de paz, en el ámbito civil como en el militar. En este último, incluso se instituyó el defensor de oficio dentro de la comisión militar para reos, como lo analizamos en un trabajo anterior (Gálvez, 2017), las causas castrenses en primera instancia estuvieron a cargo un general en jefe acompañado por el auditor de guerra, que era civil. Actuaba en última instancia la Alta Cámara de Justicia, a través de dos de sus vocales, quienes eran asistidos por un general (Ley de 23 de diciembre de 1822).

IV. Bolívar, Padre y Salvador del Perú

Mientras tanto, la crisis estructural del Perú proseguía y sólo un conjunto de estrategias en el contexto militar y político pondrían fin a la inestabilidad. Riva-Agüero fue mandado apresar por su lugarteniente el coronel Antonio Gutiérrez de la Fuente, quien, en lugar de ultimarlo, lo deportó. La insurrección de militares argentinos en el Real Felipe por estar impagos ahondó la situación de la capital, y el Congreso entregó el poder dictatorial al Libertador Presidente de Colombia Simón Bolívar por Ley del 10 de febrero de 1824:

"4° El Libertador podrá suspender los artículos constitucionales, leyes y decretos que estén en oposición con la exigencia del bien público en las presentes circunstancias y en las que pudieran sobrevenir, como también decretar en uso de la autoridad que ejerce, todo lo concerniente a la organización de la República".

Con los triunfos en las batallas de Junín (6 de agosto) y luego Ayacucho (9 de diciembre) que consolidó la independencia y puso fin al dominio militar en Perú, se daban por concluidas las circunstancias que motivaron el receso del Congreso y el dictador decretó su reinstalación para el 10 de febrero de 1825. Sin embargo, los legisladores creyentes que sus labores de fiscalización podrían obstaculizar las acciones emprendidas por el Libertador, decidieron someterse a sus designios, más aún cuando su personalidad era avasalladora, razón por la cual se le concedió el título de *Padre y Salvador del Perú*. Con ello, la Constitución siguió vigente pero supeditada a los designios de la Dictadura.

Este título nos recuerda al rey Déspota Ilustrado, padre de todos, que deseaba el bienestar para el pueblo, pero sin su consentimiento pero que a diferencia él, el congreso, integrado por la élite e ilustrados que conocían de teoría política, le cedieron las facultades sin mayor control por la percepción mediática, olvidando que Bolívar con más talentos que otros, no era ajeno a concentrar poder. Cesión de poder que se remonta a Roma y luego recreada por el liberalismo dentro de la democracia representativa. Manera de pensar que ha pervivido no sólo en las dictaduras contemporáneas, sino que la evidenciamos en las elecciones generales, más aún cuando el sistema representativo actualmente inclusivo admite a representantes analfabetos, que toman las decisiones más trascendentales del país.

Fuera de Lima, la separación del Alto Perú y el nacimiento de Bolivia como Estado sumado a la capitulación del general Ramón Rodil en el Callao, última autoridad al servicio de la monarquía española, constituyeron los sucesos que sumaron a la gestión de Bolívar. Durante la legislatura de 1826, 52 de los diputados electos para la legislatura de ese año suscribieron un documento solicitando al Libertador suspender la convocatoria por espacio de un año, convencidos que un brazo fuerte impondría el principio de igualdad ante la ley. Circunstancia que creó distanciamiento de un sector del electorado y el Consejo de Gobierno liderado por el general Andrés Santa Cruz autorizó a la Corte Suprema para que examine y califique a los candidatos a Diputados:

En la mentalidad de Simón Bolívar se encontraban el interés de lograr el reconocimiento político de los Estados Unidos de Norteamérica, Inglaterra y Francia de las naciones emancipadas por él. A ello obedeció el Congreso Anfictiónico de Panamá, proyecto de bloque de integración hispanoamericana y la Federación de los Andes, donde el Libertador, cual Jefe de Estado carecería de responsabilidad política:

> "El presidente de la República viene a ser en nuestra Constitución como el Sol que firme en su centro, da vida al Universo. Esta suprema autoridad debe ser perpetua porque en los sistemas sin jerarquías se necesitan más que en otros, un punto alrededor del cual giren los magistrados los ciudadanos" (Pareja, 1951, p. 41).

El sostenimiento de las propuestas bolivarianas demandaba la existencia de una tradición y de hábitos que en el gobierno se hallaban ausentes. Era necesaria la creación de instituciones políticas que impidiesen la tiranía y la ignorancia. Nadie puede negar que, a su modo, fue una alternativa que concilió el ejercicio de la libertad con la estabilidad y el derecho con la paz interna, pero que contó con opositores como Ramón Castilla o Mariano Alejo Álvarez.

La transición de un régimen político a otro mediante una revolución no concluyó con el establecimiento de la democracia, pues no significaba una secuencia obligada, lo que mostraba la contradicción de la promesa hecha por Bolívar el 11 de marzo de 1824 en el sentido que luego del triunfo regresaría a Colombia dejando en libertad al Perú. No existió una democratización natural que haya dado una redistribución de riquezas inmediata, lo cual nos puede conducir a afirmar la necesidad de un estadio anterior a ésta como fue el liberalismo.

A diferencia de la gestión sanmartiniana, la bolivariana quiso sentar precedente con un diseño liberal individualista, generando una contradicción con las libertades que buscaba proteger al expedir normas que colisionaban con las tradiciones andinas, de índole comunal. Fue así como la propiedad como la organización indígena que habían sido asimiladas en el Derecho Indiano durante el virreinato, fueron sometidas al análisis legalista -sobre todo francesa- que iba contra todo aquello considerado corporativo, entendiéndose como sinónimo de privilegio. Parámetros que no se ajustaban al ayllu, vinculado por lazos de parentesco, por el uso de mano de obra a través de la mita o el ayni, ni por el carácter vertical de la tierra. Hecho que nos demuestra el alejamiento del Estado en este tema cultural. Simón Bolívar dispuso, por decreto del 8 de abril de 1824 el reparto de las tierras de comunidad:

> "Artículo 2° Declárase propietarios de las tierras a los llamados indios, con libre disposición de las mismas. Artículo 3° ...las tierras llamadas de comunidad, se repartirán conforme a la ordenanza entre todos los indios que no gocen de alguna otra suerte de tierra, quedando dueño de ella .. y vendiendo el sobrante... Artículo 4° Se hará este repartimiento con consideración al estado (civil) de cada personero..." (Congreso de la República, 2000a)

Más tarde, la ley del 4 de julio de 1825 dispuso que los caciques (o curacas) eran usurpadores de las tierras de los indios y por ende no se les reconocía la autoridad, así mismo las tierras debían ser repartidas entre los miembros de esta agrupación. Y es que la aceptación de la figura de la comunidad no estaba encuadrada con las liberales europeas que influyeron en las de carácter gubernamental. A ello sólo agregamos que esta fue la aplicación de la tesis de John Locke, quien consideraba al individuo como propietario, lo que en los recientes Estados Unidos de Norteamérica significaba un granjero un propietario, pero que en un país como el andino dicho discurso no gozaría de las mismas implicancias ya que ancestralmente la propiedad había sido comunal y vinculada a un modo de organización, que si bien su fundamento era la tierra, ello no excluía un nivel de autoridad así como la presencia de elementos culturales que confluían alrededor de ella. Con Hipólito Unanue como presidente del Consejo de Gobierno, se retomó por decreto del 11 de agosto de 1826 el pago de un tributo directo que los indios pagarían al Estado:

> "La contribución correspondiente a los indígenas será reducida a las mismas cantidades, términos y circunstancias en que se hallaba establecida el año 1820". (Congreso de la República, 2000a).

Resulta interesante indicar que esta propuesta provino de la prefectura de Cuzco, que, aunque no tiene la rúbrica su titular era el general Agustín Gamarra, quien repetía el discurso de ociosidad del indio del oidor Juan de Matienzo de 1567, para obligar al indio al trabajo forzoso, a la usanza medieval de Castilla.

Estas medidas retratan la imposición de un sistema por acercarnos más al modelo occidental sin considerar el capital humano como el material. Un proceso gubernamental de desconocimiento de las comunidades de indígenas y la postergación de la diversidad cultural bajo el esquema criollo, vigente hasta el siglo XX y que tendría un punto de quiebre significativo con la reincorporación de las comunidades de indígenas como sus tierras en la Carta de 1920 durante el régimen de Augusto Bernardino Leguía. El Libertador quiso individualizar la propiedad sin considerar la rotación de cultivos ni el aprovechamiento de recursos en forma comunal ni en varias verticalidades (noción de pisos ecológicos)

El 1° de junio de 1826 se establece que la gestión gubernamental fuese asistida por la nueva versión del Consejo de Gobierno conformado por los ministros: José María de Pando, en la cartera de Relaciones Exteriores e Interior; Hipólito Unanue primer titular del despacho de

Justicia y Negocios Eclesiásticos, José de Larrea y Loredo en Hacienda y de manera interina José Mercedes Castañeda, en la cartera de Guerra y Marina; uno de los cuales hacía las veces de presidente. El consejo tenía carácter deliberante en casos difíciles, pudiendo asumir los negocios del gobierno cuando el dictador marchaba a provincias. Como apoyo se creó la figura del secretario general, vocero del jefe del ejecutivo y cuya existencia se repetiría más adelante en otro gobierno de facto.

V. LA CONSTITUCIÓN DE 1826 O LA CONSTITUCIÓN VITALICIA

Conocida también como la Carta Bolivariana, tuvo entre sus insumos la Constitución francesa del año VIII, así como la doctrina y la relación epistolar del Libertador con el liberal francés Benjamín Constant. Planteaba como eje articulador la creación de un poder electoral donde los ciudadanos elegían por cada cien a un elector. En su versión original, los electores de su circunscripción elegían a sus representantes para la comuna, práctica que se realizaba luego en el departamento, donde de una lista de diez personas, se optaba por las más idóneas en el desempeño de la función pública en el ámbito provincial, departamental y nacional. Los electores conformaban los llamados cuerpos electorales con una duración de 4 años y calificaban a los ciudadanos para los diferentes cargos políticos. A diferencia de la Constitución de Napoleón, la de Bolívar se apoyó en la figura de los departamentos, la base del colegio electoral fue el partido, la subdelegación o el corregimiento de indios.

Junto a este poder encontramos el Legislativo (integrado por tres cámaras: tribunos, senadores y censores), el Ejecutivo (con un presidente vitalicio, un vicepresidente y cuatro secretarios de Estado) y el Judicial (con la misma organización de la Constitución de 1823). Así, los comicios se convertían en la garantía para legitimar la existencia de un gobierno fuerte y un congreso ampliado que se alejaba del perfil oligárquico moldeado de la carta anterior. Veinticuatro miembros conformaban cada una de las tres cámaras legislativas. El Congreso gozaba de atribuciones generales en conjunto referidas a definir el nombramiento del presidente de la República por primera vez, confirmar a su sucesor, aprobar el nombramiento del cargo de vicepresidente y designar los candidatos propuestos por los colegios electorales.

Tenía a su cargo el inicio del proceso por responsabilidad política contra el vicepresidente de la República, los secretarios de Estado y los propios miembros de las cámaras. Los Tribunos se renovaban cada cuatro años y sus miembros debían tener veinticinco años como mínimo.

Finalmente, los Censores que constituían la cámara conservadora del Legislativo. Sus miembros además de ser ciudadanos hábiles debían contar con cuarenta años como mínimo y no tener antecedentes penales. Se les atribuyó la potestad política y moral del sistema. Si se estimase conveniente era esta cámara la que tenía a su cargo el juicio político y el caso sería contemplado por las tres cámaras.

El Presidente de la República era el Jefe del Ejecutivo y su cargo era de naturaleza vitalicia. Debía ser nativo del Perú contar con más de treinta años, no tener antecedentes penales, haber prestado servicios importantes a la nación y poseer talentos conocidos en la administración del Estado, requisitos que limitaban una mayoritaria postulación. Por ley especial se estipuló que los libertadores eran peruanos, modificándose de este modo el requisito de nacionalidad y luego el de ciudadanía para no ser incompatible con el desempeño del cargo (Decreto firmado por José María de Pando, ministro del Interior, Consejo de la República Peruana. Lima, 30 de noviembre de 1826).

El mandatario proponía al vicepresidente de la República, quien sería su sucesor y a los cuatro secretarios de Estado. Carecía de la facultad para nombrar autoridades políticas, de ahí que no podía ser considerado absolutista. El presidente vitalicio era irresponsable de cualquier acto de su administración por lo que el Legislativo no pudiera tomarle cuentas, lo que no sucedía con el vicepresidente que estaba sujeto a control por gozar del ejercicio político directo junto con los Secretarios de Estado. Estos funcionarios de alta jerarquía, aunque podían obrar con toda independencia lo hacían de acuerdo con la voluntad del presidente. Considerado un régimen de cesarismo igualitario, la versión vitalicia del poder pronto fue cuestionada por la realidad americana presentándola como caudillismo legalizado o forma peculiar de república, que respondía a la falta de tradición o hábito de gobierno, carente de figuras capaces o de prestigio.

Bajo el parámetro criollo, se afianzó el fortalecimiento de la Nación Peruana, como reunión de todos los individuos, que no era patrimonio de nadie con el propósito de declarar una cohesión política entre los habitantes. Pese a ello, se conservaba todavía los regionalismos, donde dominaban los notables (empresarios mineros, hacendados, los sacerdotes, entre otros). En el ámbito territorial, la Carta de 1826, a semejanza del Reglamento Provisional de 1821, fue la primera en señalar expresamente la demarcación departamental conformada por: La Libertad,

Arequipa, Lima, Junín, Cuzco, Ayacucho y Puno. Extensiones que en el siglo XXI podrían ser las macroregiones.

Respecto a la identificación del Estado con la religión católica, aunque se conservó ésta, no se señaló expresamente el impedimento de otra pero que carecería de protección estatal. Por otra parte, los nombramientos para los diferentes miembros del clero se realizaban a través de ternas. El colegio electoral proponía a los curas, vicarios y obispos.

El 1° de junio de 1826 el Ejecutivo se dirigió para a los colegios electorales para que aprobasen la Constitución Vitalicia y nombraran a Bolívar, su presidente. Circunstancia que se nos presenta como una consulta popular, la misma que no estaba prevista legalmente, pues la injerencia doctrinaria se inclinaba por el consentimiento congresal debido a su naturaleza deliberativa. Para Pando (1998), era ésta la única salida ante la disolución del Congreso del 26, en su opinión no era tan cierto que los colegios no poseyeran tal facultad en rigor de principios:

"Aun cuando quiera hacerse á los Colegios electorales el agravio de suponerlos compuestos por seres degradados que ciegamente siguieron el impulso que se les diera, no puede concebirse cómo en todo el Perú no se levantó siquiera una voz generosa que vituperase su conducta" (p. 250).

La Carta fue aprobada por 58 actas de los colegios electorales en forma similar que en Bolivia y el Consejo de Estado jurándose el día 9 del mes siguiente. Hubo una minoría La Gran Colombia, a través de sus militares, se presentaba como Estado hegemónico que lejos de tener empatía, no articuló con sus similares y autoridades respectivas. Si bien la heterogeneidad fue la base para la federación, el desconocimiento del potencial de los líderes caudillos de tendencia nacionalista y la manera cómo se aplicó esta integración terminaron por restarle legitimidad al proyecto de la Federación de los Andes.

VI. LA CONSTITUCIÓN DE 1828, LA MADRE DE TODAS LAS CONSTITUCIONES

Bajo esta denominación bautizó José Pareja Paz Soldán (1951) la Carta que trató un primer momento de maduración constitucional pues adecuó de mejor manera la teoría política de la época hacia una proyección de la realidad peruana. Veamos sus antecedentes. El final del régimen bolivariano fue también la de su Constitución y también la de los allegados al Libertador, temporalmente pues la clase política era bien reducida. La ausencia Bolívar dio pie para que una junta de notables, en nombre de los vecinos, denunciara que los colegios electorales carecían de facultades para la aprobación de la ley fundamental y por lo tanto demandaran ante el Consejo de Gobierno, a cargo de Andrés de Santa Cruz, la convocatoria de elecciones para el Congreso Constituyente para pronunciarse sobre dicho texto, agregándose además la designación del jefe del Ejecutivo. Las circunstancias obligaron a su titular a declarar abolida la Constitución Vitalicia y restaurar la de 1823.

Pando, defensor del régimen anterior, deslindó su participación sosteniendo que los nuevos colegios electorales tendrían su derecho expedito para el nombramiento de los nuevos representantes ya que ellos poseían la verdadera voluntad nacional y de otro lado señalaba que Bolívar: ... no hubiera podido encargarse de una magistratura constitucional incompatible con su calidad de ciudadano de Colombia y presidente de aquella República (Pando, 1995, 253). Sin embargo, el propio Pando había firmado un decreto, días antes de promulgarse la nueva constitución, que concedía a los libertadores la nacionalidad peruana. Se requería de un mayor afinamiento de las instituciones estatales, mientras tanto la coyuntura permitía nuevamente la aparición del cabildo capitalino, desde 1822 y que reunió la voluntad de un sector de vecinos.

La experiencia producida en el anterior régimen exigía enmendar las reglas jurídico-políticas y a ello obedeció que el Congreso fuese constituyente y no ordinario, ya que las nuevas medidas requerían que los sufragantes dejaran a un lado la regulación cotidiana del país. Instalado el 4 de junio de 1827, el Legislativo contó con 87 Diputados titulares y 25 suplentes elegidos por provincia, incluyendo el territorio de Maynas que se había incorporado al departamento de La Libertad. Nuevamente Javier Luna Pizarro era el presidente del Congreso y ante él Andrés Santa Cruz entregó el poder. Días después se aprobó la ley mediante la cual el presidente de la República y su vicepresidente asumirían los cargos como titulares.

En esa misma sesión permanente Luna Pizarro propuso a José La Mar y Cortazar y a Manuel Salazar y Baquíjano, antiguos integrantes de la Junta Gubernativa, para ocupar dichos cargos. Debemos entender que la premura en los nombramientos obedeció al afán de detener el protagonismo caudillesco de Santa Cruz, cuyos simpatizantes divulgaron su postura en un escrito de la época. Pareja Paz Soldán nos plantea en reflexión la legitimidad del acto:

"¿Podrá haber presidente y vicepresidente propietarios sin haberse formado la Constitución que es el origen legal de estos mandatarios? ¿Podrá sacar de su seno a los que ocupan estos altos destinos sin traerse la nota de intentar una oligarquía?" (Pareja, 1951, p.49).

Por un lado, la Constitución de 1823 era vigente otra vez y el Congreso era constituyente y por ello podía proceder de ese modo, colocándose por encima de la ley que estipulaba que los nombramientos debían hacerse por los colegios electorales. Se optó por hacerlo desde el Poder Legislativo, más aún si la norma referida no había sido promulgada. El impacto de la designación de La Mar no fue del agrado de sectores militares y de otras regiones del país, pues se ponía en tela de juicio la nacionalidad del flamante presidente quien nunca ocultó su origen, pues había nacido en Cuenca (territorio bajo la soberanía de la Gran Colombia y antes Audiencia de Quito).

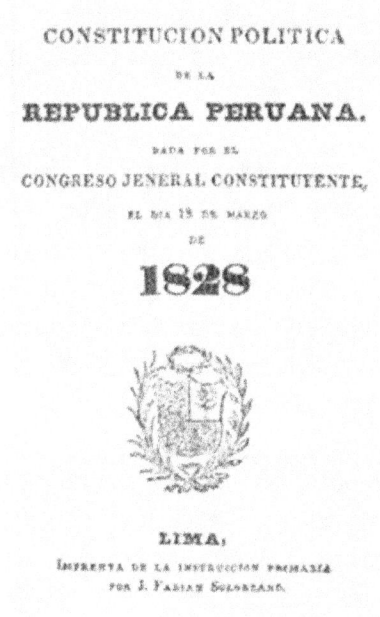

La Constitución de 1828. ¿Madre de todas las Constituciones?

Gozaba de la condición de peruano por los servicios prestados a la independencia y que concluyeron con la batalla de Ayacucho según la ley del 12 de febrero de 1825. Condición que tuvo el mismo Bolívar por norma posterior. Sin embargo, la emersión de nacionalismo en los sectores militares como el del general Agustín Gamarra en las provincias de Quispicanchis y Urubamba del Cusco pronto devino en desobediencia a la autoridad. Por otro lado, el Estado peruano comunicó oficialmente al Libertador la instalación de dicho Legislativo, la nulidad de la Carta de 1826 así como la elección de las máximas autoridades del Ejecutivo en calidad de propietarios.

Como respuesta al cesarismo o ascenso de Simón Bolívar, los legisladores optaron por el régimen norteamericano como en su momento lo estuvo el liberal francés Alexis de Tocqueville en su obra La Democracia en América, de ahí que prefirieran el presidencialismo norteamericano y el sistema federal. La república continuó como forma de gobierno bajo un liderazgo político fuerte encarnado en el Jefe del Ejecutivo, sin necesidad que el cargo fuese vitalicio, reuniendo en él la jefatura de Estado, de Gobierno, de la Administración General de la República, así como de las fuerzas armadas. Más aún el cargo permitía reelección inmediata por un período más, que en ese entonces era de cuatro años.

"Se mantuvo la figura del vicepresidente, quien sólo poseía las correspondientes atribuciones de reemplazo del titular por imposibilidad física ú moral o cuando salga á campaña" (García Belaunde, 2016, p.166).

Las gestiones gubernamentales estuvieron acompañadas por los ministros de Estado, quienes firmaban los decretos y órdenes del presidente en su despacho, produciéndose la responsabilidad política compartida ya que el titular la asumía como los altos funcionarios con el refrendo ministerial. La Carta de 1828 señaló la iniciativa en la elaboración de leyes a cargo de los ministros, dejando además abierta la posibilidad de crear más carteras según lo señalado por la ley.

Se incorporó el bicameralismo al interior del Legislativo, conformado por dos cámaras; la de diputados, representantes de las provincias, cuyos miembros variaban de acuerdo con la proporción de los electores, y la de senadores a razón de tres por departamento. La edad (26 para el primero y 40 para el segundo), contar con propiedad o tenencia de un capital que produzca una determinada renta anual; como la de ser vecino y residente de la parroquia.

La Constitución de 1828 además de la influencia norteamericana contó con la francesa basada en principio de legalidad y en la taxatividad de los derechos, con el objeto de la cultura jurídica fuese más legalista, no pudiendo generar un derecho por interpretación judicial. Como organización política, se concedió más valor a nacionalidad por territorio (*ius soli*) que a la filiación al ser hijo de padre y/o madre peruanos (*ius sanguini*) y a la nacionalidad para extranjeros. A estos requisitos que conformarán el voto censitario o con requisitos se añadieron que el individuo debía ser mayor de 21 años, demostrar la residencia por una década en el país; ser casado, viudo o eclesiástico y poseer una propiedad de doce mil pesos o un capital que produjese mil.

Desde las cartas anteriores, la facultad acusatoria por la infracción a la Constitución reposaba en la Cámara de Diputados sólo que en esta versión lo hacía ante el senado e involucraba a los miembros del Ejecutivo, de ambas cámaras legislativas y a los vocales supremos. La segunda cámara resolvía si había lugar o no a formación de causa en las acusaciones.

Ante el receso parlamentario, la Carta previó el establecimiento del Consejo de Estado, anterior Senado Conservador de 1823. Integrado por diez senadores que reemplazaron a los ministros del Estado y a personal de confianza del Ejecutivo. Liderado por el vicepresidente de la República o en su defecto por el presidente del Senado. Se encargaba de velar por el cumplimiento de la Constitución y de las leyes; contaba con facultades deliberativas fiscales y administrativas. Institución que limitaba el exceso de poder del gobernante de turno, quien en su probable ansia pretendería ejercer control en los otros ámbitos del Estado como sucediera con la experiencia bolivariana.

Ello impedía además la formación de unidades supranacionales impuestas, lo que motivó a los liberales retomar la idea del ejercicio del poder en espacios compartidos agregando a ello la fiscalización entre órganos con la concurrencia de los departamentos. Un sector de los legisladores apostaba por una demarcación federal, a similitud del modelo norteamericano. Históricamente, en el Perú siempre se había concebido partiendo de un eje: Cusco (Incas), Lima (virreinato) del cual se consolidó el geo espacio y dominó el territorio con las otras demarcaciones. Los conservadores se inclinaron por la alternativa unitaria que favorecía un gobierno fuerte, bajo el pensamiento que de esta manera se evitaría caer en la hegemonía de poderes de las elites locales. Así, la creencia que una república federada inspirada en una soberanía más cerca al pueblo sucumbió ante el modelo centralizado en Lima, pero con la colaboración de departamentos que poseían más recursos que la propia capital.

En su defensa, los liberales concluían que el centralismo podría dar lugar a nuevas formas de despotismo; pero también se era consciente que el momento no era oportuno para ser federales por falta de recursos y dinero, como sostuvo Manuel Lorenzo Vidaurre (1827):

> "Si hoy se divide el estado, el gobierno no tiene aquella cantidad que es indispensable para atender a la seguridad y bien público. No somos ni seguros ni felices. Ninguno de nuestros departamentos es tan fuerte que pueda sostener un repentino ataque por sí solo y sin auxilio de los demás" (p. 8).

La nueva Constitución zanjó el régimen republicano unitario; sin embargo, no fue óbice para que de otras maneras se pretenda en el futuro y a la usanza de la época, proponer la integración bajo Confederación (1836), la versión federativa de Nicolás de Piérola (1899) e incluso que en la Asamblea Constituyente (1978-79). Los legisladores consideraron que el balance del poder con el Ejecutivo no era materia solamente del Congreso sino se podía efectuar a través de las Juntas Departamentales, de donde vendrían los próximos candidatos de las autoridades estatales.

Bajo el pensamiento descentralista también retornó la municipalidad, como institución que estrechaba el vínculo entre el pueblo y la soberanía, manifestado con acciones a favor de la localidad. Las juntas promovieron los intereses del departamento en general: entre los cuales se hallaba examinaban las cuentas de los cuerpos ediles, presentaban candidatos en ternas dobles para prefecto, subprefectos y gobernadores al Ejecutivo y llevar la civilización a las tribus salvajes limítrofes del departamento. Enfoque que nos ofrece mostrar que prosiguió la imposición de una cultura sobre las otras bajo el perfil criollo católico.

El mandato presidencial del general Agustín Gamarra (1829-1833) demostró como el liderazgo del caudillo se sobrepuso al poder las Juntas Departamentales, sometiéndolas con el nombramiento de militares en las diferentes prefecturas. Así, la descentralización defendida por los conservadores terminó por establecer un corto centralismo entre el gobierno nacional con el departamental, poniendo en cuestionamiento el aparente triunfo del liberalismo peruano en la organización estatal. Cambiar rápidamente la conducta de la sociedad y del régimen político anterior bajo la crítica contra el despotismo y la arbitrariedad que él representaba. Indudablemente se requerían de más mecanismos para equilibrar el manejo del poder en este Estado incipiente.

Un cambio importante fue la concesión de la ciudadanía para todo hombre libre mayor de 21 años o casados, nacidos en territorio peruano, aunque fuesen analfabetos y a los extranjeros que sirvieron a las filas patriotas o que vivían en Perú desde 1820. Con ello, los legisladores se alejaban del voto censitario. De esta manera, se retiraban los requisitos de ejercicio de ser letrado, profesión o industria, renta y el de propiedad, sobre todo hasta que se confeccionara el registro respectivo de ésta. La influencia de un Estado confesional mantuvo el protagonismo de la parroquia como unidad administrativa para el manejo de la información demográfica de entonces (bautizo, matrimonio religioso y defunciones) pero además como centro de votación para la elección de los colegios electorales, Conformaban la primera instancia para luego formar los colegios provinciales que elegían por mayoría absoluta al Presidente de la República.

Las actas del sufragio debían ser abiertas y calificadas por el Congreso. Era este órgano el que finalmente proclamaba al candidato ganador por mayoría absoluta; los restantes con mayor número de votos quedaban para la elección del vicepresidente. A modo de control, la Carta de 1828 dispuso que el Congreso nombrara un tribunal especial integrado por 7 jueces (conocido en el argot como el tribunal de los 7 huesos) para fiscalizar a los vocales de la Corte Suprema, que eran nombrados por el Congreso.

En cuanto a los derechos, la Carta introdujo otros nuevos: La inviolabilidad del secreto de correspondencia y del derecho de propiedad, el derecho a la buena reputación, la libertad de trabajo, el derecho de petición, y el derecho a instrucción primaria, consolidando la tendencia de las potestades expresas.

Los ideólogos de 1828 crearon una Constitución que regiría por cinco años al término de la cual debía convocarse una Convención Nacional para que redactara la carta definitiva pues quedaba la esperanza de plasmar el régimen general. Mientras tanto, el Estado a través del Congreso prosiguió con la tarea de establecer los límites fronterizos, en esta oportunidad con Bolivia a la cual se le reconoció la independencia. El Ejecutivo nacional fue encargado de entrar en negociaciones con dicho país siempre que se realizara con su propio gobierno. El Congreso Constituyente entró en receso el 17 de junio de 1828, mientras tanto quedó establecida la comisión permanente conformada por tres diputados por departamento.

La Comisión Permanente recibió cinco atribuciones en este ínterin: Despachar los expedientes tramitados ante el Congreso, supervisar el cumplimiento de la Constitución y de la ley, calificar las actas de las elecciones de los diputados, elegir a los senadores y presentar proyectos de ley al Congreso. El informe de dicha comisión revelaría más adelante los pormenores que acontecieron para cumplir con su cometido: La ampliación de facultades dadas por el gobierno a los prefectos en pleno proceso electoral, la carencia de padrones de sufragantes para su divulgación, la declaración de nulidad total de las elecciones producidas en Trujillo, la denuncia de presuntas infracciones a la ley por parte de los vocales supremos, la nulidad de las elecciones para diputados en Urubamba, Chucuito, Paucartambo, Moquegua, Conchucos-Bajo, Tayacaja, Huancané, Calca, Tambobamba, Condesuyos, Castrovirreyna, Huanta, Huamanga, Cangallo, Huanuco y Pasco, la nulidad parcial en Jauja de uno de los representantes propietarios y de todos los suplentes.

Podemos sostener que el aporte de los legisladores afianzó este constitucionalismo incipiente dando lugar a la famosa frase pronunciada por José Pareja Paz Soldán (1951):
> "…. la Carta de 1828 merece el título de madre de nuestras Constituciones, pues todas las posteriores, la de 1834, de 1839, de 1856, de 1860, de 1867 y de 1920 son, a… juicio [de Manuel Vicente Villarán], hijas legítimas más o menos parecidas a la madre común…" (p. 59).

Por otro lado, la recepción parcial de las actas para senadores estuvo supeditada a la fecha de realización de elecciones, produciéndose primero en los departamentos de Lima, Arequipa y La Libertad el 10 de febrero de 1829, lo cual ocurriría más tarde en Ayacucho, Cusco y Puno. Finalmente, meses después el 31 de agosto quedó instalado el Congreso con sus respectivas cámaras. Ante el golpe de Estado que despojó al mariscal La Mar del poder presidencial, las circunstancias demandaron que el gobierno no podía quedar acéfalo, lo cual corrigió el congreso con la designación de Agustín Gamarra y Luis Antonio Gutiérrez de la Fuente como presidente y vicepresidente de la República, en calidad de interinos. Más tarde, la elección confirmó el protagonismo de Gamarra, quien ocupó la primera magistratura mientras que La Fuente, pese a no contar con la mayoría absoluta, terminó por vencer a José María de Pando en los comicios.

Con ello se iniciaba un nuevo mandato el 20 de diciembre de 1829 por espacio de cuatro años, poniendo a prueba la institucionalidad del país. Durante este período se produjeron hasta 17 conatos de rebelión contra el régimen, demostrando el grado de conflictividad con el Ejecutivo. Mientras tanto el Legislativo continuaba en sus debates con la fiscalización de las instituciones políticas. En el ámbito externo, ante el fracaso de las negociaciones con Bolivia para concertar el Tratado de Amistad y Alianza que defendiese la independencia e integridad territorial peruana y la existencia de conspiraciones de su enemigo el general Andrés de Santa Cruz desarrolladas en Cusco y Arequipa; llevaron al presidente de la República a solicitar al Congreso facultades extraordinarias para declarar la guerra e invadir este país.

Desde entonces y hasta el 4 de enero de 1832, se produjo una tregua con el país vecino plasmada en los tratados de Tiquina, Arequipa y Chuquisaca, que plantearon el acatamiento a favor del principio de no-intervención, la terminación inmediata de toda actividad sediciosa, el reconocimiento provisional de límites fronterizos entre el ex Alto y Bajo Perú, el reconocimiento de derechos recíprocos entre ambos países. En el ámbito interno, el congreso quiso frenar las aspiraciones políticas de Gamarra limitando la presencia de españoles y chilenos en su entorno militar. De esta manera, la ley del 25 de septiembre de 1831 señaló que la plana mayor y la oficialidad del ejército debían componerse por peruanos y vencedores de Junín y Ayacucho.

Mientras el presidente se hallaba fuera de Lima, fue reemplazado por Antonio Gutiérrez de La Fuente quien cometió una serie de actos arbitrarios durante su gestión hasta su deportación por Gamarra. Institución muy recurrente en el siglo XIX entre la clase política, máxime -como en este caso- si los candidatos para los dos altos cargos del ejecutivo eran designados por el congreso sin considerar la empatía entre ambos. Su ausencia no impidió que en 1832 el Consejo de Estado enviase a la Cámara de Diputados una lista de infracciones constitucionales cometidas por el Ejecutivo donde se hallaban los actos cometidos por el vicepresidente antes de su destierro. Tampoco impidió que el presidente de la Cámara de Diputados, Francisco de Paula Gonzáles Vigil, pronunciase su célebre frase: *Yo debo acusar, yo acuso;* dirigida contra el presidente Agustín Gamarra, pero que en realidad abarcó las arbitrariedades de su exvicepresidente y las críticas a los actos administrativos cometidos por los ministros del régimen.

VII. La Convención Nacional y la Constitución de 1834

Bajo el liderazgo de Gonzáles Vigil se instaló la Convención Nacional que aprobó la ley que dispuso la elección del presidente provisorio mientras se concluyese la reforma constitucional, objeto de la convocatoria. En este proceso de consolidación política, Jamanca reivindica la figura de este republicano:

> "...capaz de sacrificar su vida misma con tal de entregarse a la defensa del bien público. Espíritu público, ética, anticorrupción, constitucionalismo son los temas recurrentes. Su vida y obra son un claro ejemplo de lo que representa la tradición republicana en el Perú" (Jamanca, 2015, 150).

Consolidación que también escuchó las voces de liberales como Manuel Lorenzo Vidaurre, quien ante el poder del caudillo militar quiso limitar su injerencia en la política de la incipiente república, sin percatarse que el problema era estructural y no mediático:

> "Nunca un militar podrá ser elegido presidente de la república, si lo fuese el que concluye su período. En doce períodos el presidente no podrá ser reelegido. Nunca las tropas acuarteladas podrán ser más que la cuarta parte de las milicias disciplinadas" (Vidaurre, 1998, 371)

La Constitución gradualmente se convertía en el instrumento para regular el uso de la fuerza pública:

> "...al Perú le espera la suerte de un pueblo recién conquistado, si se lleva a cabo el designio. Ya podemos decir que estamos con guarniciones. Se llenan los cuadros, se hacen levas y se aumenta el ejército, sin respeto a la ley. No hay dinero que alcance á los gastos de marchas y contramarcha" (Pareja, 1944, p. 69).

Meses después de instalado el congreso, la incorporación de Javier Luna Pizarro fue gravitante en la elección del jefe del Ejecutivo, pues inclinó la designación a un candidato sin pretensiones de poder y nada autoritario encarnado en Luis José de Orbegoso, ex conde de Olmos, quien derrotó al candidato oficial general Pedro Bermúdez. Medida que no pudo impedir el acoso permanente de los caudillos al precario sistema, liderados por el propio Bermúdez y meses después por Felipe Santiago Salaverry.

Aquél titulándose Jefe Supremo Provisional encabezó un nuevo golpe de Estado el 3 de enero de 1834 que fue respaldado por los prefectos de Cuzco, Puno y Ayacucho. La Convención era clausurada luego que dos compañías del batallón Piquiza tomaron el local donde funcionaba. Miembros del Legislativo se trasladaron al Callao donde el apoyo al general Bermúdez se desvanecía y la marina cerraba filas a la ilegalidad. Nuevamente en Lima el 13 de febrero la Convención reanudó sus funciones respaldando a Orbegoso y declarando nulo los actos gubernamentales de Bermúdez. El 11 de junio era promulgada y jurada la nueva Constitución. Uno de los puntos claves fue el retorno por el interés supranacional en el ámbito territorial, pese a que la alternativa de la Federación Bolivariana había tenido una mala impresión para el nacionalismo. Luna Pizarro llegó al convencimiento que por circunstancias históricas debía mantenerse el vínculo con el Alto Perú, pues creía que:

> "En la federación Bolivia se reunirá al Perú, cederá el departamento de La Paz para formar el Estado del Centro, Tacna será la capital de la Confederación..." (Távara, 1951, p. 62).

Intención que se vio plasmada en el artículo 1º de la Constitución de 1834 al omitirse la cláusula que impedía toda clase de limitación alguna al anexarnos a otro Estado como Bolivia:

> "La nación peruana es independiente y no puede ser patrimonio de persona ó familia alguna", suprimiendo tácitamente la parte considerativa que señalaba: "...ni admitirá con otro Estado unión ó federación que se oponga á su independencia" [artículo 2 de la Constitución de 1828].

En el aspecto interno, desapareció el principio de descentralización que residía en las Juntas Departamentales. Para la designación de los Prefectos y Subprefectos, los candidatos eran propuestos a través de una lista de seis personas por los colegios electorales en cada demarcación regional al presidente de la República, quien los nombraba. La concesión de ciudadanía retomó la mayoría de edad a los 21 años, haber nacido en el territorio o ser hijo de padre y madre nacionales, católico, no ser quebrado.

La Cámara de Diputados se reservaba la elección de los jueces de primera instancia sugerida por las listas de los colegios electorales. En cuanto a la vacancia de los miembros de la Corte Superior, ésta se daba a partir de la lista elaborada por los propios magistrados y que el colegio electoral enviaba al Senado. La elección de los cargos para la Corte Suprema dependía de una lista propuesta por dicho colegio, la cual era vista por el Congreso en plenario. El mismo trámite se aplicó para la designación por vez primera para la conformación del Consejo Supremo de Guerra, que es un hito importante al incorporar la justicia militar dentro del Estado de Derecho.

En cuanto al Ejecutivo, se planteó la reelección presidencial dejando un mandato, descartándose la modalidad inmediata de 1828. En la orden de sucesión de poder, desapareció la figura del vicepresidente de la República y en su lugar y temporalmente asumía la dirección del país el presidente del Consejo de Estado. Esta institución se hallaba integrada por dos consejeros por cada departamento, pudiendo ser o no miembro de la cámara de senadores y eran elegidos por el Congreso.

En los casos de inestabilidad política, el Presidente de la República quedó prohibido de hacer uso de la Guardia Nacional fuera de sus límites provinciales salvo por sedición o agresión externa. La fuerza militar fue también materia de reorganización de control estatal, restringiéndose el número de plazas efectivas en tanto no se produjesen vacantes.

Otro control fue efectuado por el ente congresal que designaba los contingentes terrestres y marítimos, dando su aprobación para el nombramiento de generales, coroneles y capitanes de navío, facultad directa que había detentado el Ejecutivo. Finalmente, la Carta constitucional dispuso la pérdida de los derechos civiles del gobernante que diese Golpe de Estado, así como la declaración de nulidad de sus actos, señalando además la desobediencia de la sociedad a toda autoridad que no contase con la legitimidad consagrada en los comicios. Quedaba establecido el derecho de reclamo de cualquier individuo ante el Congreso o el Ejecutivo por presunta infracción constitucional que conculcase sus derechos. Instrumento de control que se sumaba al llamado Juicio de Residencia proveniente desde el virreinato, según el cual, todo funcionario de la administración quedaba sujeto a la fiscalización del Estado al concluir su cargo, sin el cual se hallaba imposibilitado de ejercer otro.

VIII. DE LA FEDERACIÓN A LA CONFEDERACIÓN PERÚ-BOLIVIANA

El interés supranacional del Congreso despertó el nacionalismo del joven general Felipe Santiago Salaverry, entonces brigadier del general Luis José de Orbegoso, presidente de la República, encabezando un golpe de

Estado el 22 de febrero de 1835 que lo encumbró como Jefe Supremo, a sus 29 años. La necesidad de recuperar la capital demandó al depuesto presidente en requerir el auxilio del general Andrés de Santa Cruz, para derrotar al sublevado para lo cual se celebró el Tratado de Auxilio del 15 de junio de dicho año, mediante el cual Bolivia proporcionaría un ejército para pacificar el país. Sin embargo, los alcances del instrumento jurídico fueron más allá de la pacificación conformándose asambleas en el sur y norte que decidirían las bases de la Confederación Perú-boliviana bajo el liderazgo santacrucino.

Gamarra opinaba que la presencia boliviana luego de la suscripción del tratado se entendía como una invasión del territorio nacional, lo que causó que facciones del ejército allegadas a él se enfrentasen al ejército santacruceño; proceso que culminó con la derrota del líder cuzqueño y su posterior expatriación. Con el panorama despejado, Santa Cruz inició su propuesta de forma de gobierno que comprendía la presencia de Estados federados.

En Sicuani, se convocó a los representantes de los departamentos del sur reuniéndose un total de 23, el 16 de marzo de 1836. Bajo la presidencia de Nicolás de Piérola, esta asamblea declaró el nacimiento del Estado Sur Peruano. Meses más tarde, de acuerdo con la ley de 1834 sucedía lo propio en el norte, reuniéndose en Huaura la representación de los departamentos de Amazonas, La Libertad, Junín y Lima. La asamblea presidida por Evaristo Gómez Sánchez, el 11 de agosto de 1836, gestó el nacimiento del Estado Nor-Peruano, aceptando a Orbegoso como su Presidente, reconociendo la existencia del Estado Sud Peruano y concediendo facultades a Santa Cruz como Protector. Ello no negaba la existencia de una oposición a la articulación con el sur, del cual no encontraba mayor vínculo. Los órganos legislativos de ambos Estados acordaron con la integración del Estado de Bolivia la creación de la Confederación Perú-Boliviana, designando al general Santa Cruz como su Protector. Régimen que tuvo su base legal en Tratado de Confederación suscrito en 1837 durante el Congreso de plenipotenciarios convocados en la ciudad de Tacna:

> "Así se dislocó la familia peruana sin consultar la voluntad; así sucedió la tiranía extranjera al régimen constitucional y así desapareció la antigua República, desde que la traición más abominable destrozó sus instituciones" (Dancuart, 1901, Tomo IV, 127).

Sin embargo, dicho tratado no llegó a perfeccionarse debido a la ausencia del canje de ratificaciones, lo que suscitó más tarde que el mismo régimen lo declarase insubsistente. Esta versión de régimen federal gozaba de un gobierno fuerte, autócrata, que promovía la formación de una oligarquía, instrumento que garantizaba la continuidad institucional de la región.

El Legislativo continuaba siendo bicameral, pero con variaciones en membresía y en funciones. La Cámara de Senadores compuesta en total por 15 miembros, a razón de cinco representantes eran designado por cada Estado, para ello los colegios electorales estatales proponían listas al Jefe de la Confederación, quien los nombraba. Los Senadores, gozaban del cargo en forma vitalicia a similitud de los censores de la Constitución de 1826, salvo por sentencia judicial por pena infamante. La Cámara de Representantes conformada por 21 miembros, siete de los cuales pertenecían a cada Estado. Sus respectivos entes electorales enviaban sus listas al Congreso General de la Confederación el que finalmente los elegía. El mandato era de seis años y se renovaba por tercios. Este Congreso central se reunía cada dos años, pudiendo sesionar en cualquier Estado miembro. Sus sesiones duraban hasta cincuenta días con la posibilidad de prórroga, de acuerdo con la gravedad de los asuntos del país y a criterio del Protector.

El diseño de los órganos quedó supeditada a la consolidación del Congreso Central y a la convocatoria del Legislativo Constituyente que diera la ley fundamental del país. Con una duración de 10 años, el Protector de la Confederación Perú-boliviana era el máximo representante del Ejecutivo, pudiendo ser reelegido salvo que sufriese sanción del senado que promueva su destitución.

De los candidatos propuestos por ternas dobles de los Congresos estatales, el Legislativo central nombraba al Protector lo que en los hechos no se cumplió con Santa Cruz, quien fue declarado como tal por las asambleas de Sicuani y Huaura, confiriéndole amplios poderes. Era jefe de la Administración central, jefe de la fuerza militar, nombraba a los magistrados de las tres Estados de acuerdo con las ternas presentadas por sus respectivos senados. Ante la ausencia del Protector, los ministros de Estado reunidos en consejo y bajo el liderazgo del más antiguo gobernaban temporalmente. En la misma fecha convocaban a elección generales para elegir al próximo protector.

La oposición a la marcha de la Confederación Perú boliviana despertó el rechazo de los habitantes de los departamentos de Huaylas y de La Libertad, quienes se opusieron en 1838 a la continuidad de Santa Cruz, proponiendo la nulidad de los actos administrativos y proclamando la independencia de la integridad del territorio. Orbegoso fue encargado de llevar adelante dichas propuestas, en calidad de presidente del Estado Nor Peruano. Esta muestra abrió la posibilidad de minar el proyecto político de Santa Cruz, pues en forma gradual las demarcaciones territoriales peruanas iban regresando al estado anterior antes de la confederación, sólo que en esta oportunidad se hallaban envueltos frente a la presencia de dos ejércitos extranjeros: bolivianos y chilenos.

Esta coyuntura provocó manifestaciones de carácter consensual que pretendían recuperar la legitimidad en el manejo del poder. Frente a la debacle del régimen de Santa Cruz, personas notables de Lima acordaron retomar el Consejo de Estado, nombrando a Manuel Salazar y Baquíjano como su presidente y encargando a Agustín Gamarra la dirección del Poder Ejecutivo con la finalidad de reconstruir al país.

La situación demandaba acabar con los rezagos del régimen anterior, pero, además, en calidad de presidente Provisorio del Perú, llamar a elecciones para una nueva representación nacional. La Mesa Directiva denominada Comisión de Policía bajo la presidencia de Manuel Bartolomé Ferreyros, Agustín Guillermo Charún y Lucas Pellicer. En la ciudad de Huancayo, los 70 representantes en el primer acto ratificaron al presidente de la República como mandatario provisorio, otorgándole honores de acuerdo a su alta magistratura.

Los constituyentes llegaron a la conclusión que la nueva Carta debía recoger la experiencia de los sucesos acontecidos de la última década que demandaban el liderazgo de un gobierno fuerte y que no eran ajenas al caudillo militar triunfador. De ello se encargarían los legisladores como el clérigo Agustín Guillermo Charún (Cañete) y Bernardo Soffía (Lima), que tomaron como perfil la personalidad del presidente provisorio. Orbegoso fue declarado traidor a la patria, Santa Cruz, enemigo capital del Perú, de la misma manera fueron retirados de los escalafones los militares Guillermo Miller, José de la Riva Agüero, Blas Cerdeña, entre otros. [El Comercio, 29 de octubre de 1839]. También se decretó la privación de los derechos políticos contra los 23 representantes de la Asamblea de Sicuani y los 20 de Huaura.

CAPÍTULO TRES
El retorno del nacionalismo en el Perú

I. LA CARTA DE 1839 Y LA ANARQUÍA

La redacción del ante proyecto de la Carta de 1839 nos permite apreciar la gran influencia de Benjamín Constant en la redacción legislativa:

> "En nuestras sociedades actuales, el nacimiento en el país y la madurez de edad no bastan para conferir a los hombres las cualidades requeridas para el ejercicio de los derechos de ciudadanía: Aquellos a quienes la indigencia mantiene en una perpetua dependencia y condena a trabajos diarios no poseen mayor ilustración que los niños acerca de los asuntos públicos, ni tienen mayor interés que los extranjeros en una prosperidad nacional cuyos elementos no conocen y en cuyos beneficios solo participan directamente". (Constant, 1970 p. 153).

La Constitución fue promulgada el 10 de noviembre, el Legislativo transformado en Congreso ordinario se dedicó a ordenar la elección presidencial de acuerdo con la ley del 29 de noviembre de 1839, en la cual participó el presidente en funciones, quien salió elegido en enero del siguiente año. El nuevo ordenamiento jurídico político recogió la prohibición de celebrar todo tratado que pusiera en peligro la independencia del país, lo que excluía implícitamente las propuestas de integración regional en América del Sur. Se introdujeron variantes en el otorgamiento de la nacionalidad, en lo referido a los hijos de padre o madre peruano debían darse dos condiciones: que los padres estuviesen al servicio de la nación peruana y que los nacidos fuesen inscritos en el registro cívico de Lima.

Por otro lado, para la naturalización de los extranjeros, se especificaba que ésta se concedía por: haber servido en el ejército o la marina, ser útil a la prosperidad del país, ejercer un arte o industria, tener residencia de cuatro años (anteriormente era de dos) o haber contraído matrimonio con peruanos. Se dejaba a los españoles la voluntad de expresar domicilio en el país a través de su inscripción en el registro civil.

La capacidad política o ciudadanía se otorgaba a todo peruano, nacional o naturalizado, casado, retomándose la mayoría a los 25 años, ser alfabeto -requisito del cual estaban exentos los mestizos e indígenas hasta 1844- y pagar alguna contribución. Capacidad que podía perderse por sentencia de pena infamante, naturalización en otro Estado, haber aceptado la gracia de otra nación sin consentimiento del Congreso, quiebra fraudulenta declarada judicialmente, tomar votos religiosos de clausura o infringir la paz con armas contra la autoridad constituida.

El Legislativo se organizó en forma bicameral, para ser diputado se estableció 30 años y 40 para senador, además debían gozar de una renta la cual se incrementaba tratándose del segundo cargo y se exigió residencia de acuerdo con el lugar que representaban. Con un mandato de seis años, los diputados se renovaban por tercios cada dos años, y en el caso de Senadores con un período de ocho años, por mitades. Se les proporcionó inmunidad de no ser procesado por deudas ni demandado civilmente.

Este poder del Estado en su conjunto debía reunirse cada dos años sea para la elección del presidente de la República, declarar su vacancia, elegir a los consejeros de Estado, declarar la guerra, conceder facultades extraordinarias al Jefe de Estado con cargo a informar sobre lo actuado. La elección del jefe del Ejecutivo se iniciaba en los colegios electorales que remitían al Legislativo las actas de los comicios, éste realizaba una segunda elección proclamando finalmente al ganador. El mandato fue ampliado de cuatro a seis años, siendo posible la reelección después de un período. La responsabilidad política de la gestión se llevaba a cabo al concluir el ejercicio del poder mediante el Juicio de Residencia.

La experiencia con Bolivia demandó que fuese causa para vacar del cargo todo intento de unión o confederación. El orden de prelación en la sucesión de mando presidencial recaía en los miembros del Consejo de Estado: en primer lugar, su presidente, el primer vicepresidente y finalmente el segundo presidente. Los hechos de 1842 pusieron a prueba este sistema; pues una vez realizada la sustitución de quien anteriormente tenía el cargo, no siempre podía recuperarse de inmediato. Las atribuciones concedidas al presidente de la República fueron tan amplias que le permitió tener injerencia en los nombramientos, así como en las remociones de los magistrados, contando con la aprobación del Consejo de Estado para el caso de vocales superiores y supremos. Además de los requisitos anteriores, se elevó a 40 años la edad para ser ministro en cualquiera de las cuatro carteras. Era obligatorio el refrendo ministerial para dar validez a los actos presidencial, compartiendo la responsabilidad política.

El Consejo de Estado se vio fortalecido al albergar atribuciones que anteriormente eran competencia del Congreso como la concesión de facultades extraordinarias al Ejecutivo, sin embargo, su conformación dejó de responder al vínculo departamental otorgado por la Constitución anterior. Sus miembros continuaban siendo elegidos por el Legislativo dentro o fuera de éste y se renovaban por mitad cada dos años. Se estableció un cupo para sus quince miembros, donde los militares y los eclesiásticos no podían superar tres representaciones respectivamente. Sus acuerdos gravitaban en el funcionamiento de la administración estatal, colaboración con las cámaras en la formulación de proyectos de ley de su iniciativa y fiscalización en la observancia de la constitución y las leyes. Reemplazaba al Congreso cuando éste se hallare en receso y tenía la facultad de convocarlo extraordinariamente.

La Carta de 1839 mantuvo la esclavitud al señalar como peruanos de nacimiento solo a los hombres libres nacidos en territorio nacional, afirmación que contradecía la declaración que nadie nacía esclavo en el Perú. En cuanto a la fuerza armada, se quiso establecer una jerarquía y una cantidad en los mandos castrenses: un gran mariscal, tres generales de división, seis de brigada, un vicealmirante y un contralmirante, plazas efectivas que deberían estar de acuerdo a las potenciales vacancias por producirse. Sin embargo, lo más importante era recalcar el carácter de estas fuerzas supeditado a la obediencia y no-deliberación frente a las otras autoridades estatales civiles y el acatamiento a la Constitución y a las leyes. En el régimen interno, las municipalidades quedaron suprimidas y en su reemplazo los prefectos e intendentes de policía (y en algunos casos los síndicos) quedaron a cargo. Éstos últimos con atribuciones ejecutivas, judiciales y administrativas.

La reforma constitucional fue establecida de modo rígido con cinco momentos para su lectura y debate, luego del cual se pasaba a la reunión de las dos cámaras para elaborar el proyecto sustitutivo, con lo que era prácticamente imposible la aceptación de una enmienda. La

Constitución fue aprobada y permitió una mejor organización del Ejecutivo al haber alargado el mandato a seis años, proporcionar a la Corte Suprema el derecho de iniciativa para una mejor administración de justicia y un papel más protagónico del Consejo de Estado.

Como lo hemos sostenido antes, en lo cultural, ante la desaparición de las tierras de curacazgo, el régimen gamarrista protegió a los pobladores que aprovecharan la tierra, haciendo uso del método de asignación y composición de tierras, que reconocía a la ocupación como forma de adquisición, Figura que sería ratificada en la ley del 24 de mayo de 1845 incorporando además a los extranjeros como beneficiarios. Así, la autoridad actuaba de manera paternal en los pueblos nuevos, haciendo que el trámite para disponer de la tierra fuese de la administración y por ende del gobierno de turno. La muerte del mariscal Agustín Gamarra en la batalla de Ingavi, puso a prueba el principio de autoridad de la Carta pues no era posible que el orden reposara sólo en una persona sino en las instituciones que reflejaban la concurrencia de voluntades, de lo contrario éstas terminaban por ser nominales.

La estabilidad política también propicio un nuevo debate encabezado por Bartolomé Herrera Vélez, considerado como el formador de la clase política de mediados del siglo XIX, cuyos miembros secundarían las enseñanzas de su maestro y de los hermanos José y Pedro Gálvez Egúsquiza. Nacido en Lima en 1808, estudiante del Real Convictorio de San Carlos y más adelante ordenado sacerdote, volcó su labor pastoral en tanto miembro de la Iglesia Católica como párroco llevando además su misión al plano educativo como rector de su Alma Mater en 1842. Los conflictos e inestabilidad por la que atravesaba el país lo llevaron a apartarse del afrancesamiento revolucionario que había impregnado la cultura política de entonces.

Obras como las de Joseph Marie, conde de Maistre, de François Guizot y de Donoso Cortés, marqués de Valdegamas influenciaron en el modelo de democracia vigente que exigía el ansiado orden como respuesta a la debacle presente. Fue Guizot (1831), representante del liberalismo doctrinario quien junto a Benjamin Constant, optó por avalar la monarquía constitucional en Francia, orientándose a plantear la cualificación del electorado, mediante la selección de propietarios de la burguesía imperante y la organización de las fuerzas políticas. Opositor al voto ampliado, propuso a sus nacionales que se enriquezcan para luego contar con la concesión de la ciudadanía.

La primera reflexión de Herrera la encontramos en la oración que en las exequias celebradas el día 4 de enero de 1842 en la Iglesia de la catedral de Lima por el alma de *S.E. el Jeneralísimo (sic) Presidente de la República D. Agustín Gamarra pronunció el Dr. D. Bartolomé Herrera, Cura y Vicario de Lurín.*:

> "Después del fuerte sacudimiento que sufrió nuestra sociedad al desmembrarse de la vasta monarquía de que era parte, fue inevitable que se experimentaran desconcierto y desgracias, hasta fijar el nuevo centro de orden, la autoridad que debía reemplazar al Soberano Español. Pero establecida una vez esta autoridad, distribuidos los poderes políticos; fijadas las garantías de los ciudadanos, saludada la joven república por los reinos de Europa que vieron llenos de esperanza su opulencia y sus encantos, ¿Por qué experimentamos tanto mal? ¿Por qué nos hemos ido hundiendo en un abismo? ¿Cómo este pueblo abundante en talentos, en valor i en todo jénero de recursos, ha podido sufrir la última humillación de ver su territorio profanado, i vencido su ejército por el de un estado, que debía estremecerse al contemplar nuestro poder de lejos? Juzguemos señores, con imparcialidad i en nosotros hallaremos la causa de nuestra afrenta".

(Herrera, 1929-1930, pp. 14-15).

Desde el convictorio su labor fue fecunda, convencido que era necesario la formación de una nueva generación de políticos: "en breve, antes de ocho años, una generación nueva saldrá de San Carlos a cegar la fuente de lágrimas que ha inundado a la República (Pareja, 1944, p. 107). Las circunstancias demandaban la respuesta a la incertidumbre y a la improvisación de los cuales habían sido objeto los efímeros regímenes. La formación que recibieron los intelectuales los compulsaba a defender por sobre todas las cosas a la patria como valor superior de la sociedad y ello sólo se lograría mediante el ejercicio de los Poderes del Estado y el desarrollo de las libertades que asistían la vida de la persona misma a lo cual se agregaba el desarrollo y el progreso que experimentaríamos a mediados del siglo XIX.

Juan Donoso Cortés sostuvo que el modelo político debía regularse por la invocación de la justicia y la aplicación de la soberanía de la inteligencia. Justicia que era imperativa y servía de garantía al ejercicio de los derechos proclamados y limitados. Soberanía, que rescataba de los liberales doctrinarios los requisitos para dicha facultad, pero donde los más capaces podían llevar adelante la voluntad divina, es decir el providencialismo. Al tener ellos la posibilidad de ocio podían ilustrarse y tener mejor disposición para influir en los destinos políticos. Una mirada al desarrollo del pensamiento político peruano desde Bartolomé Herrera nos puede llevar también a la reflexión de planteamientos en la segunda y tercera década del siglo XX con la *aptocracia* o el gobierno de los capaces o idóneos, como diría Luis Echecopar en 1931.

Mientras tanto en la política, el fallecimiento del presidente Gamarra se produjo una anarquía que no era espontánea y propició la aparición de los caudillos, quienes monopolizaban la vida política del país: Francisco Vidal, Manuel Ignacio Vivanco, Juan Crisóstomo Torrico, Antonio Gutierrez de La Fuente, Ramón Castilla y Domingo Nieto. Los adherentes y alianzas les permitieron ir concentrando fuerzas que desplazasen a su contendor. De esta sucesión podemos observar hacia 1843, el liderazgo en la zona centro norte de Francisco Vidal y sobre todo en Arequipa con Vivanco, cada uno de ellos sostenía desde su punto de vista que el establecimiento de un congreso restablecería la institucionalidad, de ahí la importancia de propiciar los comicios cuanto antes el fracaso de Vivanco en la batalla de Carmen Alto, que permitió la restitución del Consejo de Estado a cargo del prefecto de Lima Domingo Elías, que contó con el apoyo de Ramón Castilla. Castilla, virtual ganador de las elecciones presidenciales, viajó a Arequipa para derrotar a los simpatizantes de Vivanco, restituyendo el manejo unitario del poder central.

En el mes de junio quedaba constituido el Congreso en Lima, el que no aceptó limitaciones y ese mismo mes se declaró en legislatura ordinaria De estos procesos de fiscalización entre los órganos de poder, surgió la primera renuncia de un ministro por pedido del Congreso. El diputado por Ica Pedro de la Quintana, basándose en la afirmación que los congresos representaban la voluntad popular hizo valer la propuesta de la soberanía del Parlamento, con lo cual se podía obligar la dimisión de un ministro sobre pasando la facultad de acusación, pues constitucionalmente tanto la atribución de la remoción como del nombramiento eran del presidente de la República. Manuel del Río, ministro de Hacienda del régimen sufrió las inclemencias de intrigas personales aduciendo las críticas por su gestión en el ministerio. Aunque la moción que fue aprobada por amplia mayoría en la Cámara de Diputados no tuvo el mismo efecto en la de senadores. La renuncia de Del Río aceptada por

Castilla, aunque significó el fortalecimiento del Legislativo en el balance de fuerzas, no implicó el cuestionamiento de la figura presidencial, vinculada con los apresamientos o destierros de políticos opositores a los regímenes anteriores.

Por otra parte, el caudillo era consciente por mantener el orden, tan reclamado como fuente de autoridad y del propio Estado, que promoviera la estabilidad política posible para los cambios económicos. Si bien es cierto el presidente de la República cedió posiciones, ello no le impidió tener adherentes al interior del Legislativo y buscar la legitimidad de los actos gubernamentales. La transmisión de mando de Ramón Castilla a Rufino Echenique hizo percibir una estabilidad institucional no sólo en el Ejecutivo sino en el Estado que dejaba a atrás la imagen anárquica. Por su parte, el Legislativo era convocado para abordar otros temas de regulación estatal y social como así lo estipulaba el decreto correspondiente del 30 de abril de 1851: la sanción de los códigos civil y de procedimientos, ratificación de la ley de elecciones, el establecimiento de las municipalidades, la reconsideración de la ley de conscripción militar, el complemento de la consolidación de la deuda interna que comprendía a la anterior de la independencia, la existencia de la moneda de baja ley que circula, la exoneración del pago de patentes a los artesanos, el estado de la renta pública, el reglamento de comercio y los sucesos de Arequipa.

El retorno a la estabilidad motivó que el Congreso estableciera, por ley del 5 de octubre de 1845, una nueva comisión codificadora para la elaboración del código civil. Cuatro años después se nombró la comisión revisora y en 1851, la comisión definitiva. En esta secuencia notamos tanto la participación de liberales como de conservadores, que a su modo plasmaron sus inquietudes en las instituciones jurídicas. La presión del gobierno motivó dos promulgaciones, la de Ramón Castilla con un código inconcluso y la definitiva durante el mandato de Rufino Echenique el 28 de Julio de 1852. Esto marcó el inicio de la sustitución sistematizada de la legislación hispana vigente en el ámbito civil por una nacional, proceso que gradualmente se aplicaría en las otras materias sobre la base de textos más integrados.

Si bien se apreciaba durante el mandato de Echenique el interés por fortalecer al Estado, observamos una lentitud en la solución de temas prioritarios en el ámbito social. Sin embargo, el tema crucial del régimen fue el pago en la consolidación de la deuda interna que pese a cifras totales estimadas durante el régimen anterior, ésta vio superada por cuatro veces dicho monto, causando ribetes de escándalo y despilfarro de los recursos estatales. Ello fue el detonante para generar la sublevación del general Castilla, quien rodeado de liberales doctrinarios como los hermanos Gálvez aprovecharon la coyuntura para redactar los decretos que hicieron posible la eliminación de la contribución de indígenas y de la esclavitud.

A los ingresos generados por la explotación del guano se sumó la presencia del llamado segundo liberalismo, cuyos representantes al abordar los temas sociales, bajo la premisa de la reivindicación, tuvieron dificultades en aplicar dicha teoría al caso indígena. Se conservaba el prejuicio de no considerarlo como un agente económico, lo que distaba de un verdadero análisis sobre la situación del ande y de su articulación con el Estado.

Durante el 5 de diciembre de 1854, Ramón Castilla expidió sendos decretos en la ciudad de Huancayo, que permitieron abolir la contribución de los indígenas y la esclavitud, ambos rezagos coloniales. Para ello, contó con la ayuda de los liberales: el Ministro de Culto, Justicia y Hacienda, Manuel Toribio Ureta; y, del Ministro de Gobierno, Relaciones Exteriores y Guerra, Pedro José Gálvez Egúsquiza. Dichos cambios ante la conformación de la sociedad fueron el inicio del proceso de adaptación de un medio que conservaba aún sus vínculos corporativos, manteniendo el dominio de los intereses de las elites sobre las fuerzas sociales que emergían ante la autoridad del aparato estatal.

Por otro lado, se esperaba que la consolidación de la deuda hubiese creado un nuevo grupo social interesado en fortalecer al país y no el despliegue de un nivel de corrupción poco conocida hasta entonces. En términos políticos, el golpe de Estado propiciado contra Echenique nos muestra una recomposición del Congreso que daría paso a la formación de la Convención Nacional de Diputados.

II. LA CONSTITUCIÓN DE 1856 Y LA SEGUNDA OLEADA LIBERAL

Por decreto del 5 de febrero de 1855, el Libertador y presidente provisorio Ramón Castilla convocó a Convención Nacional de Diputados, elegida por primera vez por sufragio directo y universal, excluyéndose los requisitos del voto censitario, así como a los políticos del gobierno de Echenique. Este proceso de sufragio se realizó a través de las municipalidades contando con el registro cívico, fruto del cual encontramos para el período 1855 a 1857: 85 titulares y 64 suplentes. Nuevamente destacaban las fuerzas de los liberales y conservadores, que a diferencia de las primeras décadas eran más doctrinarios. Con 72 diputados, el Legislativo se instaló el 14 de julio de 1855 y entre sus primeros actos ratificó a Castilla como Presidente Provisional de la República, como reconocimiento al protagonismo de este caudillo que deseaba institucionalizar al país. Dicho Legislativo designó a los integrantes de la comisión de Constitución para la redacción de la nueva Carta. Se hacía necesario retomar el funcionamiento del Estado a la luz de las consecuencias de los hechos políticos acontecidos.

Los liberales, bajo la personalidad de su líder José Gálvez Egúsquiza, insistieron en el protagonismo de la persona en la sociedad y bajo la protección del Estado. Este fue el primer hecho que caracterizó a Gálvez, opuesto al retorno del viejo orden, percibiéndolo como hombre justo dentro de un entorno que había sido tendiente a tolerar los abusos en desmedro de todos, hasta entonces. Nuestro personaje era partidario de reformar al ejército, prescindiendo de lo informal e improvisado, y de aquellos militares indefinidos, que pese a contar con grado, carecían de colocación. Por eso era un convencido que antes de generar mayor número de efectivos, primero deba analizarse la cantidad de empleos necesarios.

En su diseño, la Constitución de 1856 destacó que luego de la nación y religión, los derechos y libertades estuviesen expresados bajo la denominación de garantías individuales. Mientras que, sus antecesoras habían dado prioridad a la organización del Estado. Colocó a la Constitución como norma suprema frente a la norma:

> "Art. 10.- Es nula y sin efecto cualquier ley en cuanto se oponga a la Constitución. Son nulos igualmente los actos de los que usurpen funciones públicas y los empleos conferidos sin los requisitos prescritos por la Constitución y las leyes". (García Belaunde, 2016, p. 316)

Por otro lado, la adopción de la igualdad ante la ley, en todos sus efectos, planteaba la incompatibilidad con la existencia de los fueros privativos sobre todo eclesiástico y militar, considerados como rezagos de una sociedad corporativa que mantenía aún sus privilegios, lo cual ocurría con la vigencia de los diezmos y primicias. Debido al fuerte arraigo católico y a su vinculación con el Estado no era posible aceptar la injerencia católica, como antes. En cuanto al aspecto militar, la controversia fue más allá llegándose a cuestionar la conveniencia de la existencia del ejército.

Ignacio Escudero, diputado por Piura, consideraba que los ejércitos permanentes podían ser sustituidos con los ciudadanos armados, dado que vivían en ocio, pudiéndose emplear esta fuerza en la industria. Pedro Gálvez rebatió el comentario exponiendo la necesidad del mantenimiento del ejército, dado los peligros de una frágil inestabilidad externa e interna. Sin embargo, la aceptación no negó que el Congreso tuviese mayor injerencia en los ascensos castrenses, comprendiéndose entonces desde mayor graduado en el ejército y capitán de corbeta en la marina, cargos técnicos que obedecen más al criterio de los institutos.

La defensa del individuo derivó en el tema de la prohibición de la pena de muerte, ya que la sociedad carecía de dicho derecho, considerándose a la vida humana inviolable. En cuanto a asuntos políticos, se aprobó el tema de amnistía y se estableció que el Ejecutivo carecía de la potestad de suspender las garantías constitucionales. Este acápite también promovió la pretensión de evitar la concentración del poder en uno de los órganos estatales, de ahí que el predominio del protagonismo del Ejecutivo pronto se vería cuestionado. Para los liberales era la disminución de las funciones de este ente y su posterior traslado al Legislativo, evitando indirectamente la concentración de poder. Para ello también se apeló al papel de la descentralización mediante las juntas departamentales, que tendrían influencia en las municipalidades y en la organización territorial del país.

La creación del Consejo de Ministros con lo cual los legisladores se apartaban del modelo liberal norteamericano. Institución que limitaba la actividad presidencial al enfatizar la idea del refrendo y que provocaba la desaparición del Consejo de Estado. Progresivamente este órgano de apoyo del jefe del Ejecutivo, desde el 5 de diciembre de 1857 trató de canalizar el ímpetu presidencial a través de la coordinación administrativa de los diferentes rubros que concurren en esta gestión.

Por otro lado, el Legislativo reorganizó las funciones del Ministerio Público con la creación de la figura del Fiscal de la Nación, quien se encargaría del cumplimiento de las leyes. La imposibilidad de observar la nueva Carta propició una serie de tensiones reveladas en su reconocimiento y aceptación a tal punto que no fue de la simpatía de las diferentes regiones del país.

José Gabriel Gálvez Egúsquiza
Líder del liberalismo doctrinario en el Perú
Museo Histórico Nacional de Chile

Desde Arequipa se produjo un movimiento que se negó a jurar la Constitución y que encumbró nuevamente a Manuel de Vivanco, con el apoyo de fuerzas sociales provenientes de otros departamentos. El movimiento concluyó en el Callao donde el presidente de la República, aunque venció al militar sureño, percibió la disconformidad sobre el carácter que había tomado el Estado. El liderazgo de los convencionales fue determinante para aprobar una norma contra las críticas provenientes de publicaciones o comunicaciones contra su institución, lo cual era contraproducente por ir contra el precepto de la libertad de opinión y la ley de imprenta. En el mes de noviembre de 1856, un nuevo incidente sirvió para medir las fuerzas políticas del Estado. El comandante del ejército Pablo Arguedas, subordinado del general Pedro Diez Canseco (cuñado de Castilla) entró con un destacamento de soldados y disolvió la Convención Nacional.

El funcionamiento de la Convención, como ente fiscalizador del gobierno, terminó por impedir mayores cambios. Sus miembros habían insistido en detentar el derecho al escrutinio de las próximas elecciones para el Ejecutivo con el objeto de mantener el liderazgo político. Aquí se produjo el primer corte del liberalismo doctrinario. Pedro y José Gálvez, cajamarquinos, y liberales eran partidarios de la ampliación de los derechos, la abolición de la pena de muerte y la concesión del voto a a los indígenas. Para Herrera el indio al ser analfabeto no podía considerársele capaz de integrar al electorado de entonces; más aún cuando esta ampliación hacía pensar en la posibilidad de la compra de sus votos; sin embargo, los pobladores andinos pagaban impuestos y bajo el argumento francés que quien paga vota, era razonable su reclamo.

La teoría de Herrera conciliaba la capacidad aludida como requisito sine qua non con la moral, la honestidad y la identidad manifestada como patriotismo. Esta exclusión no significaba dejar de reconocer el aporte de lo autóctono como los Incas, quienes por su orden y unidad hicieron factible la empresa de evangelización y catequización, llevando el evangelio a las tierras conocidas. La tradición española, por su parte, proporcionó unidad, estabilidad y orden. De estos valores el orden representaba el tema prioritario que deseaba plasmar en un proyecto político.

Debemos que a labores del Convictorio de San Carlos, bastión de los conservadores, se agregó el reciente Colegio Nuestra Señora de Guadalupe fundado por el propio Gálvez juntamente con Domingo Elías y Juan Rodríguez. A ellos se sumaron: los Cisneros, Carrillo, Althaus, el coronel Juan Espinosa, autor del Diccionario para el pueblo o José Simeón Tejeda y se produjeron indistintamente desde el recinto parlamentario, fuese la Convención Nacional de 1855, los Congresos de 1858 y 1860 o desde la prensa. Debates referidos a los derechos naturales, la escuela laica, el control del Estado sobre la Iglesia y el Ejército, la descentralización e incluso la pena de muerte donde José Gálvez Egúsquiza, recogido en la Constitución de 1856 en su artículo 16°: "La vida humana es inviolable; la ley no podrá imponer la pena de muerte" (García Belaunde, 2016, 316).

Enunciado que sujeto de modificación en el Congreso de 1860 donde Herrera sostuvo que el derecho de imponer penas provenía del poder soberano, que en última instancia se derivaba del mismo Dios. Hasta su muerte producida en el Combate del 2 de mayo de 1866, Gálvez fue el ícono del liberalismo cuyos cambios fueron sugestivos y otros de avanzada a mediados del siglo XIX.

III. LA CONSTITUCIÓN DE 1860, LA MÁS LONGEVA

La actitud liberal había creado anticuerpos en los diferentes grupos sociales, de ahí que la protesta por la disolución de la Convención no tuviera mayor acogida pues beneficiaba a diferentes entidades que esperaban la reivindicación de sus derechos conculcados y otorgaba al gobierno la ocasión de actuar libremente. Luego de la disolución de la Convención Nacional, por decreto de noviembre de 1857 expedido por el Consejo de Ministros se hizo la convocatoria para presidente y vicepresidente de la República, así como para los miembros del Legislativo.

Inicio de actividades de la Presidencia del Consejo de Ministros.
Lima 14 de febrero 1857. Archivo histórico de El Peruano.

El 12 de agosto de 1858, el Congreso Extraordinario se reunió otorgando a Ramón Castilla y Marquesado y a Juan Manuel del Mar, la titularidad de los cargos que ostentaban provisionalmente. Asuntos domésticos como la sublevación en Ayacucho, y la situación con el Ecuador en el panorama externo, motivaron que el ente congresal, a través de la ley del 24 de mayo de 1859, declarase su receso para no entorpecer la labor del Jefe de Estado, sin embargo, acordó de mutuo propio reanudar sus funciones el 28 de julio siguiente. Esta conformidad fue considerada por el presidente de la República como inconstitucional pues solamente a él le correspondía hacer la convocatoria. Situación que le permitió a Castilla llamar a elecciones para el Congreso ordinario de 1860. Durante el proceso de las juntas preparatorias, Pío Benigno Meza, diputado por La Convención, denunció irregularidades como la presentación de hasta 4 candidatos por el mismo escaño y la incorporación de Bartolomé Herrera en calidad de representante de Jauja, según aquel incompatible con su nueva condición de obispo. Argumento que no prosperó por considerarse que la elección constitucional fue anterior a la designación episcopal.

En la fecha de instalación que reunió 120 titulares y 4 suplentes en diputados, el representante Meza propuso que se hiciera un sorteo para conformar las dos cámaras, planteamiento que quedó en suspenso, dado que días después se decidiría si el Congreso actuara con facultades ordinarias, es decir constituido a través de sus dos Cámaras o por el contrario sería constituyente con atribuciones para reformar la Constitución vigente, luego de lo cual se disolvería. En los hechos, este Legislativo funcionó con ambas características, primero decidió reformar y más tarde eligió a 36 miembros para que se convirtieran en Senadores, mientras que los restantes se mantendrían como Diputados, con lo cual se formó el Congreso ordinario. La responsabilidad del presidente de la República fue limitada, pudiendo ser acusado durante su mandato por los delitos de traición a la patria, variar la forma de gobierno, disolver el Congreso o impedir su reunión. Por otro lado, dicho mandatario estaba obligado a dar cuenta al Legislativo de los actos gubernamentales a la conclusión de su gestión. El espíritu de esta nueva Constitución se dirigía a disminuir el protagonismo del gobierno frente a un Congreso que recuperaba la bicameralidad.

Debemos indicar la intención de plantear una modalidad especial para esta última conformación sobre la base del corporativismo de las diferentes profesiones. Durante el receso del Legislativo se estableció en la Carta la Comisión Permanente, cuyas atribuciones legislativas y administrativas provenían del anterior Consejo de Estado y que ya había funcionado en el Perú en 1829, como vimos. Aunque la finalidad de sus atribuciones fue limitar las arbitrariedades del gobierno, sus facultades se estipularon de manera tan extensa que derivaron en su supresión años más tarde. El asunto de la reelección presidencial se desarrolló bajo criterios falaces. Por un lado, se sostuvo que si el mandatario había hecho un buen gobierno era justo que fuese reelegido. La continuidad en el poder debía darse como una oportunidad para que el mandatario fuese digno de ello. Criterios que no estaban en función del

Estado sino del personaje que ocupara el cargo, pues experiencias anteriores ya habían demostrado el interés particular por perpetuarse en el cargo.

Por otro lado, desapareció la figura del Fiscal de la Nación siendo reemplazada por dos fiscales nombrados por la Corte Suprema, siendo retomada en 1979 con el naciente Ministerio Público. Aunque se dio la supresión de la amovilidad de los empleos de los magistrados, por parte del Ejecutivo, dicha postura no significó que se favoreciera su independencia, pues tampoco se le consideró injerencia alguna en las controversias electorales. Podríamos señalar que, como contraparte, se le reconoció iniciativa en proyectos de ley sobre materias jurídicas. La pena de muerte fue restituida rebatiendo la tesis de la inviolabilidad de la vida por la atribución que tenía el Estado del monopolio punitivo basado en el poder, ya que, por ser soberano, su cualidad provenía de Dios mismo. Esta pena se aplicaba sólo por homicidio calificado.

El fenómeno del militarismo también fue tema de los legisladores, quienes reconocían el papel de la fuerza castrense en detrimento de la milicia, pero esto no excluyó el establecimiento de límites en el ejercicio de sus funciones. La fuerza militar no podía ser deliberativa, debía darse un acatamiento a la ley y al poder civil que encarnaba a la nación. En otras palabras, se quería subordinar constitucionalmente sobre todo al ejército dado que éste era parte del propio Estado. El Legislativo disminuyó su injerencia en los ascensos castrenses contándose a partir de los grados de capitán de navío en la marina y de coronel efectivos, así como de generales, con lo cual se establecía un vínculo de obediencia de acuerdo con ley. Otra forma de limitar su actuación fue cuestionar el reclutamiento de individuos al ejército, efectuado a través de la leva o detención arbitraria, cuyo objetivo era la incorporación forzada de personas o leva. Sentir que fue recogido en la segunda parte del artículo 123 de la Constitución de 1860.

En cuanto al individuo, los legisladores prosiguieron con la abolición del fuero eclesiástico y que había provocado el rechazo de ciertas regiones al jurar la Constitución anterior por considerarse además que las vinculaciones eclesiásticas favorecían los capitales y beneficios de los sacerdotes de todo el país, siendo su única fuente de ingresos. Por el contrario, se mantuvo el fuero militar que había demostrado ser un ente que conservaba los usos de la sociedad pre independiente. Aunque se suprimieron los logros de la Carta anterior referidos a las garantías individuales como la protección legal del honor y de la vida frente a toda agresión inútil e injusta así como el principio de que la norma no tenía carácter retroactivo, se conservaron otros como: La garantía que nadie puede ser detenido sin orden judicial y debe ser puesto a disposición del juez antes de las 24 horas de transcurrido el hecho; la consideración que las contribuciones se establecían sólo en proporción al contribuyente y su destino era para servicios públicos; la igualdad de derechos civiles para extranjeros y nacionales y la posibilidad de interponer acción popular contra las infracciones constitucionales.

La concesión de la nacionalidad peruana quedó restringida solo para los nacidos en el territorio nacional y en el exterior para aquellos hijos de padre y madre peruanos. La ley de elecciones de abril de 1861 retomó el sufragio indirecto, alegando que el país carecía de instrucción y de preparación cívica, en respuesta a la Convención Nacional, del mismo modo, el Congreso se reservó la calificación de las actas electorales, siendo las cámaras las llamadas a contemplar los aspectos de procedimiento. La nueva carta fue promulgada el 13 de noviembre de 1860 y dos días después el Congreso clausuraba sus sesiones.

Posteriormente, se produjeron una serie de cambios, siendo esta Carta en tener reformas parciales, las que se iniciaron con la ley del 31 de agosto de 1874 que suprimió la Comisión Permanente. Más adelante, otra innovación fue la ley del 10 de setiembre de 1887 que permitió la compatibilidad de cargos de congresista con la de ministro de Estado, previo permiso de su Cámara, al estilo parlamentario y que continua vigente.

Bartolomé Herrera como diputado, presidente de la Cámara de Diputados, presidente del Senado y presidente del Congreso presentó su proyecto de Constitución que conjugaba la intelectualidad con las prácticas parlamentarias desarrolladas ante las opiniones encontradas por el carácter liberal de la Constitución de 1856. Destacó en primer lugar las relaciones con la Iglesia Católica, que se habían visto afectadas por la Carta de 1856 al abolir el fuero eclesiástico para lo cual demandaba su restablecimiento, así como los diezmos y el régimen de mano muerta.

La concesión de ciudadanía se otorgaba para los mayores de 21 años, casado o viudos, pero se perdía por falta de inteligencia (acorde con la pérdida de capacidad a causa de prodigalidad que estipulaba el Código Civil de 1852, artículo 16 y siguientes (Código Civil, 1870, 15), falta de libertad o aquellos que no dispongan de los medios económicos para subsistir. Estableció que el Estado garantizaba la libertad y la propiedad siempre que no atentaran contra la religión, el orden público y los derechos de terceros.

Representa la novedad en la composición congresal la presencia de miembros elegidos de un conjunto de fuerzas políticas, que, a diferencia de los diputados, ésta sería selectiva representando a las instituciones estatales como sociales, en la Cámara Alta:

> "Así, pues el Senado se componía de 30 miembros, tres por cada una de las diez siguientes carreras: carrera política (Ministros de Estado o Plenipotenciarios, Prefectos, Oficiales Mayores de los Ministerios), de Hacienda (altos empleados de ese ramo o correos), de la Magistratura (Vocales de la Suprema o de las Cortes Superiores), eclesiástica (Obispos, canónigos o dignidades), del Ejército y Marina (de Coronel para arriba); parlamentaria (que hubieran sido elegidos tres veces diputados o concurrido a tres legislaturas), profesiones científicas (en la que se incluía a los que ejercían la docencia por más de veinte años); a los propietarios (los mineros o agricultores) a los comerciantes y capitalistas, con capital mayor a 200,000 pesos" (Pareja, 1944, 114)

Modo corporativo de organización que tendrá un mejor desarrollo en la versión de Víctor Andrés Belaunde y en la Constitución de 1933, pero siendo orientado a las organizaciones de la sociedad, de carácter gremial previamente inscritas que a las estatales. En cuanto a las funciones desarrolladas por este colegiado se circunscribían específicamente a las de carácter municipal y a la celebración de los tratados internacionales y concordatos, los ascensos castrenses general de ejército y almirante en la marina, excepcionalmente elegía al presidente de la República. En cuanto a la relación Ejecutivo Legislativo, el proyecto otorgaba el carácter presidencialista a la Constitución al dotar al Jefe de Estado del nombramiento y remoción de los jueces del Poder Judicial, de los empleados y funcionarios administrativos, y de los miembros del ejército y la marina. Ejercía la jefatura suprema de dichos institutos castrenses.

IV. LA PERSISTENCIA LIBERAL Y LA CONSTITUCIÓN DE 1867

La reorganización administrativa del país y tras los sucesos que impulsaron la Dictadura del coronel Mariano Ignacio Prado con la consecuente guerra con España y el Combate del 2 de mayo de 1866, motivaron la necesidad de convocar a elecciones para presidente y vicepresidente de la República, así como al Congreso Constituyente, unicameral.Desde ese momento, la elección del jefe del Ejecutivo se produjeron fricciones entre el Ejecutivo y el Congreso, pues éste no quería renunciar a su atribución fiscalizadora pese a que era constituyente, como ya había sucedido con la Convención Nacional de 1856.

Los liberales con Fernando Casós y del Real se habían inclinado por una apertura religiosa, tema que causó sentimientos encontrados en la tribuna y fuera del recinto congresal, donde un grupo de simpatizantes de la iglesia apedrearon a los diputados anticlericales. Casós acusó al ministro de Gobierno José María Gálvez tildándolo de encubridor de estos ataques, lo que derivó en la formulación del voto de censura contra dicho funcionario y por ende contra todo el equipo ministerial, dada la naturaleza de ser cargos de confianza. Situación que, por primera vez, motivó la renuncia en pleno del gabinete Tiberiopolis en alusión a su titular Pedro José Tordoya, Obispo In Partibus Infidelium (en tierra de infieles) de Tiberiópolis, presidente del Consejo de Ministros y ministro de Justicia y Culto.

El presidente, quien antes había recibido a una comitiva congresal, la cual le expresó las garantías para el desarrollo de las actividades del Ejecutivo; se negó a aceptar las renuncias de los ministros, quienes optaron por apartarse. El derribo del gabinete Tiberiopolis mostró la fuerza del sistema parlamentario, originando provisionalmente que se formase un gabinete constituido por oficiales mayores y directores generales de los ministerios hasta que se produjese el nombramiento de sus titulares, por designación de confianza del presidente de la República.

Sobre la base del texto del 56, la nueva Constitución mantuvo la conformación unicameral. Las sesiones del Congreso se llevarían a cabo anualmente con un tiempo de 90 días naturales y perentorios. En cuanto a la edad para ser representante, se estableció que sería la misma que la del ciudadano, es decir 21 años. Para la aprobación de las normas, el Legislativo declaró que los proyectos de ley serían puestos al voto luego de tres días de ser presentados, en esa oportunidad el trámite a segunda discusión estaba dispensado. Este ente recuperó su injerencia en los ascensos retomando la prédica liberal expuesta en 1856. Respecto al Ejecutivo, la elección presidencial se daría por sufragio directo y universal y en su defecto por el ente congresal, ampliándose el mandato a cinco años. Los actos del mandatario eran válidos si estaban acompañados del ministro respectivo, salvo que éste haya sido censurado por el Congreso. Se mantuvo la reelección inmediata.

En caso de vacancia del cargo las funciones eran derivadas al presidente del Consejo de Ministros. El Legislativo supervisaba la responsabilidad política de los miembros del Ejecutivo, así como la de los magistrados, pronunciándose en la primera legislatura de cada período constitucional sobre los actos del mandatario.

El cargo de Fiscal de la Nación fue reemplazado por el de Fiscal General Administrativo como consultor del régimen y defensor de los intereses del Estado, cuyas funciones se parecen más a las del actual Contralor General de la República. Reaparecieron las juntas, pero sin la potestad de reclamar contra los funcionarios designados por el ministerio de Gobierno, restándole el grado de injerencia de la Carta de 1856. Se mantuvo el parco tratamiento de los municipios que derivaban su regulación a la ley correspondiente.

La novedad se dio en el Poder Judicial donde se propuso un sistema innovador: Los vocales supremos eran nombrados por el Congreso sobre la base de las listas sugeridas por la misma corte. Los vocales superiores eran también nombrados por el Legislativo a sugerencia de la suprema. Los nombramientos de los jueces de derecho provenían de la Corte Suprema, a propuesta de la Superior y los jueces de paz se designaban por la Suprema, a propuesta de los jueces de derecho. Esta jerarquía se vio incrementada con el establecimiento de juzgados para los casos contencioso-administrativos. Pese a este diseño, el régimen quiso ejercer presión sobre la magistratura. En 1867 el gobierno demandó fidelidad a los vocales a través de un juramento con el régimen a lo cual se opusieron los magistrados, quienes los habían hecho al asumir el cargo.

Aunque se suprimieron los empleos en propiedad se declaró que sólo por faltas o por jubilación se podían abrir nuevas plazas. Se reguló el impuesto directo, haciéndolo válido por un año. Los compromisos generados por el gobierno proveniente del Golpe de Estado eran reconocidos sólo con aprobación del Congreso. Del mismo modo, se declaraba la nulidad de los actos administrativos producidos por quienes asumieran funciones públicas sin los requisitos de ley. El tema del antimilitarismo retomó la prédica liberal, expresando nuevamente que la obediencia militar quedaba subordinada a la Constitución y a las leyes. En cuanto al individuo, se planteó el otorgamiento de la nacionalidad de manera flexible para los residentes extranjeros desde la independencia y que hubiesen estado presentes en los Combates de Abtao y el Callao. Se prohibió el destierro y el confinamiento, salvo por declaración de sentencia judicial.

Por otro lado, la vida humana recuperaba su inviolabilidad aboliéndose la pena de muerte. Desde el 29 de agosto de 1867 entraba en vigor la nueva Carta que no fue jurada en Arequipa, donde el movimiento de oposición la quemó públicamente y encargó al general Pedro Diez Canseco liderar la revuelta contra el régimen. Las pugnas entre José Saavedra, ministro de Gobierno y el congresista Mariano Herencia Zevallos por considerar que el congreso representaba un obstáculo para la marcha del país, creó una situación tirante donde Herencia solicitó que el Legislativo sesionara permanente, propuesta que fue secundada, y por el contrario se fueron apartando hasta que su presidente Francisco García Calderón clausuró en Congreso el 15 de noviembre de 1867.

Ante el clima generado por el régimen, se propiciaron revueltas destacando en el norte las coordinadas por el coronel José Balta y en el sur por Pedro Diez Canseco. Prado no pudo contener dicha oposición y prefirió renunciar el 5 de enero de 1868, Diez Canseco declaró insubsistente la carta de 1867, poniendo en vigencia la anterior, convocando a elecciones para los miembros del Ejecutivo y los representantes al Congreso. Destacó la figura del héroe de Chiclayo coronel José Balta, cuyo discurso a favor de recuperar el ejercicio de la soberanía popular y la pureza republicana, tuvo éxito y fue bien recibido por los clubes cívicos (antecesores de los partidos políticos) que lo apoyaron.

Elegido presidente de la República por los colegios electorales y proclamado por el Congreso, Balta inauguraba su mandato acompañado de Mariano Herencia Zevallos y Francisco Diez Canseco, como primer y segundo vicepresidente. El manejo de la crisis financiera del Perú había creado fricciones entre los poderes políticos y derivó en la alternativa de otorgar facultades extraordinarias al Ejecutivo por parte del Congreso. Nicolás de Piérola y Villena, ministro de Hacienda había acudido a la Cámara de Diputados para plantear la estrategia que procurase mejoras al erario nacional y disminuyese el déficit, la misma que requería del retiro de toda limitación al gobierno. Piérola se inclinó por la suscripción con la casa Dreyfus y hermanos, la misma que se convertía en la única empresa que negociaría el fertilizante una vez que concluyesen los contratos con consignatarios nacionales o hijos del país. Además, Dreyfus ofrecía dar dinero al Estado para pagar la deuda externa.

Los capitalistas peruanos enterados, solicitaron al gobierno que en la próxima gestión económica se les otorgase el beneficio de ser admitidos por su legítimo interés, algunos de los cuales optaron por organizarse a través del partido Sociedad Independencia Electoral (futuro Partido Civil) para defender su derecho, declarando a Piérola como su enemigo.

V. El primer partido político: La Sociedad Independencia Electoral

El 24 de abril de 1871 nacía la Sociedad Independencia Electoral, bajo los baluartes de libertad y autonomía. Esta nueva fuerza política dio inicio a la formación de los partidos políticos, albergando las inquietudes de personas de diferente procedencia por una mejor calidad ciudadana. Tomando como base el derecho de asociación, Manuel Pardo demostró las ventajas de la concurrencia de voluntades para un fin común, donde era importante la opinión del pueblo. El siglo XIX nos ilustra un largo camino para la llegada de los civiles al cargo de presidente de la República. Los comicios ante el Congreso habían demostrado la simpatía por el militar, aquel triunfador de las batallas por la independencia que ponía orden frente al deteriorado principio de autoridad.

Desde los primeros momentos los civiles se identificaron con tendencias ideológicas o con el liderazgo de un personaje, actuando con propósitos políticos inmediatos. El dilema entre el derecho a la libertad del individuo y el gobierno fuerte ocupó los espacios de discusión, distinguiendo a los liberales de los conservadores quienes adoptaron diferentes posturas dependiendo del régimen: monarquistas durante la gestión de San Martín, vitalicios o persas durante la dictadura de Bolívar, Gamarristas entre 1829 y 1833, Bermudistas en 1834, confederales entre 1835 y 1839, restauradores con el regreso de Gamarra, Vivanquistas o regeneradores entre 1841 y 1843. La anarquía suscitada con la desaparición de Gamarra y el traslado de funciones gubernamentales durante 4 años, sirvió de experiencia para la conformación del Club Progreso o del Frac, que divulgó sus ideas en la opinión pública a través de su propio órgano periodístico y de una plataforma encabezada por Domingo Elías con apoyo de Pedro Gálvez y José Sevilla. *"El hombre del pueblo"*, como se le conocía a Elías por haberse hecho cargo del mando en las convulsiones políticas, quiso conquistar a los grupos sociales para enfrentarse a Rufino Echenique en las elecciones de 1851, cuyos adeptos estaban agrupados en la Sociedad Conservadora de Constitución y la Paz.

Episodio que fue el preámbulo de una versión más integrada que contó décadas después con elementos externos, como en otras zonas de América del Sur, y que motivó la llegada de la civilidad al poder. La experiencia política hasta ese momento había demostrado la incapacidad de planear un proyecto político estable, responsabilidad tanto de militares como de civiles y que impedía mejorar las condiciones del país.

A mediados del siglo XIX, la clase política era consciente de esta situación y de la necesidad de renovar la estructura estatal a través de la legalidad institucionalizada y que expresó Manual Pardo y Lavalle en su pensamiento: "Sacrificar el día de hoy al porvenir". Él postuló la reorientación del papel gubernamental en la economía del país, con la reducción de gastos y de personal administrativo en el Estado, y al mismo tiempo planteó un nuevo sistema de contribuciones que creó sus propios enemigos.

Para Pardo, ello implicaba la renegociación de los contratos con los consignatarios nacionales, donde había que reconsiderar los derechos del Estado con mejor capacidad de negociación en tanto su propio beneficio. Sin embargo, no se pudo rescindir los contratos perjudiciales al fisco debido a la utilización del dinero, por parte del gobierno, que financió el presupuesto nacional. La crítica situación de las finanzas había motivado repensar el establecimiento de las contribuciones para no depender: ... de un producto que se incremente con recursos propios que cubran sus necesidades inferiores...", le escribía Manuel Pardo a Mariano Ignacio Prado, el 30 de diciembre de 1865. (El Peruano, 1865).

Como ministro del coronel Mariano Ignacio Prado (del gabinete de la Victoria y luego denominado de los Talentos por Jorge Basadre) planteó instrumento progresivo y proporcional en función al costo de vida de cada localidad del país. Mecanismo que no fue lo suficientemente difundido y, por otro lado, las autoridades que llevaron adelante su implementación generaron conflictos que terminaron por debilitar el acercamiento del Estado en sus localidades. Como ocurrió en Huancané, Puno donde surgieron las críticas bajo el liderazgo de Juan Bustamante contra los diferentes tributos que pagaban mayormente los indios: para el financiamiento de la campaña contra España, para la construcción de la catedral de Puno y la contribución personal. Él logró que su manifiesto fuese publicado en El Comercio, logrando que los congresistas en 1867 aboliesen solo dicha contribución. Sin embargo, hubo autoridades en el sur que la siguieron cobrando, acentuando con ello las protestas que tuvieron fatal desenlace.

Otro tema contemplado por la Sociedad Independencia Electoral –más tarde el Partido Civil- fue el relacionado al militarismo. Durante el régimen de Castilla, la estabilidad económica lograda propició que el Congreso con la ley del 3 de febrero de 1848 se exigiese al fisco a mantener a los militares surgidos en cada gobierno y revolución, aunque estuviesen en calidad de indefinidos, es decir, sin colocación efectiva. De ahí que Pardo plantease la reducción del número de efectivos que no eran de carrera, generándose la crítica de un sector del ejército que no se rendía ante la sumisión de la civilidad, que encarnaba la voluntad nacional.

Comicios anteriores habían mostrado irregularidades y violencia en las mesas de sufragio, situación que beneficiaba al propio gobierno en funciones, el cual contaba con los medios a su favor, a lo que contribuía la indiferencia de los sufragantes. Pardo propuso la defensa del sufragio mediante el establecimiento de una organización del sistema de comicios. En mayo de 1872, las mesas electorales elegían al presidente de la República a un tercio de los senadores y a los diputados, todos ellos de las filas del partido Sociedad Independencia Electoral. Luego del asesinato del presidente Balta y de los sublevados hermanos Gutiérrez, nuevamente regresó la tranquilidad. Los votos en mayoría absoluta concedieron a Manuel Pardo la primera magistratura, siendo proclamado por el Congreso. Los cargos de primer y segundo vicepresidente de la República, decididos por votación en el Legislativo favorecieron a Manuel Costas y Francisco Garmendia, respectivamente.

El civilismo, aunque apostaba por crear una burocracia eficiente tenía que hacerlo con cautela, debido a la carencia de recursos. La descentralización fue tomada en cuenta en el presupuesto, haciendo la distinción entre las rentas y los gastos públicos, al clasificarlos en generales (estatales) y departamentales, lo que demostraba la existencia de necesidades de índole local o regional, cuya solución podría ser derivada a los departamentos y municipalidades con la transferencia de recursos. En este mismo acápite, el gobierno apostó por la desacralización de funciones estatales que habían permanecido en las parroquias. La ley de 1873 estableció de manera facultativa la inscripción de los datos de población como nacimientos, matrimonios y defunciones en las municipalidades, alternando con la de los libros parroquiales.

En lo cultural, el Plan del Perú de Pardo fue recreando progresivamente el análisis de la realidad andina a la cual veía paralela a la capitalista hasta que posteriormente la integró como su complemento dado que la realidad del ande comprendía su propio sistema de racionalidad económica (Mc Evoy, 1994, pp. 239-249). Aspecto que, aunque no era valorado por el Estado peruano aún, pero si lo era por los hacendados, quienes adoptaban un papel protagónico como notables de la zona.

VI. LA GUERRA CON CHILE Y LA RUPTURA CONSTITUCIONAL: EL ESTATUTO PROVISORIO DE 1879 Y EL TRATADO DE ANCÓN

La crisis hacendaria de 1878 y la declaración de guerra de Chile al Perú, motivó un replanteamiento de los recursos para afrontar esta adversidad. Con la autorización del Consejo de Ministros y del Congreso, mediante la resolución legislativa del 9 de mayo de 1879, el presidente Mariano Ignacio Pardo viajó a Europa y a Estados Unidos para adquirir personalmente armamento y embarcaciones, dejando el mando al vicepresidente Luis La Puerta de Mendoza. Ante el vacío, Nicolás de Piérola apoyado por un sector del ejército dio el Golpe de Estado que le permitió declararse Dictador del Perú, el 23 de diciembre. Días después nombró a sus secretarios de Estado: Pedro José Calderón (Relaciones Exteriores y Culto), Federico Panizo (Justicia e instrucción), Mariano Echegaray (Fomento), Miguel Iglesias (Guerra), Manuel Villar (Marina) y Manuel A. Barinaga (Hacienda).

Posteriormente se expidió, junto con ellos, el Estatuto Provisorio de 1879, cuyos artículos garantizaban los derechos y libertades dentro del marco confesional pero que además agravaba las penas criminalizando las conductas en caso de insubordinación, cobardía, defraudación de bienes públicos, homicidio premeditado y alevoso, así como otros hechos análogos que serían juzgados por tribunal militar. Abolió los consejos departamentales de 1873.

Este episodio no fue ajeno a imponer una política cultural a favor al régimen. Piérola en su afán que la dictadura contase con el apoyo de la colectividad y sobre todo del gran sector inarticulado como el rural se declaró Protector de la Raza Indígena, que aunque en el considerando señala que lo motivaban las injusticias cometidas y su pronta reposición, el hecho es que la guerra exigía la incorporación de más hombres para conformar los batallones que tendrían su desenlace en las célebres batallas de San Juan y Miraflores, donde los soldados hablaban quechua y aymara y los oficiales, castellano. Se puede contemplar en la norma el rol paternalista de la administración, en sustitución del Poder judicial, dirigido a la solución de controversias de tierras entre los campesinos y los hacendados:

> "Art 2.- Los individuos y corporaciones pertenecientes a esta raza tienen el derecho de apelar directamente a mí, de palabra o escrito, contra todo atropello, injusticia o denegación de esta que sufriesen por parte de toda autoridad cualquiera que sea su denominación y jerarquía, quedando exceptuados de las leyes comunes a este respecto". (Decreto del 22 de mayo de 1880)

La pérdida de fuerzas militares originó que la ofensiva chilena llegase a la capital, motivando el desplazamiento del gobierno a la sierra. Mientras tanto, el general Manuel Baquedano Gonzales, jefe del ejército de ocupación, tomaba Lima y Píerola prefirió huir antes que rendir incondicionalmente la capital. Hubert Wieland, retrata las circunstancias que en esta crisis acompañaron al vacío de poder que culminó con la entrevista de Rufino Torrico, alcalde Lima, quien puso a disposición de Baquedano la entrega de la Ciudad de los Reyes sin condiciones. Hecho que contó con la presencia de diplomáticos extranjeros para evitar los excesos del triunfo de los chilenos:

> "En primer lugar, por la cantidad considerable de extranjeros residentes que albergaba; en segundo lugar, por la determinación del cuerpo diplomático acreditado en el Perú, en particular de los ministros de Gran Bretaña y Francia, y de los jefes de las escuadras de ambas potencias y de la italiana, de defender las vidas e intereses de sus nacionales; y, finalmente, por el hecho mismo de haber tenido ya lugar la destrucción de las tres localidades peruanas mencionadas, lo que constituía un claro presagio de lo que podría ser el destino de Lima" (Wieland, 2017).

En Ayacucho, Piérola convocó la Asamblea Nacional, la cual instaló el 28 de julio y presentó su renuncia. Mientras tanto, la junta de notables en la Ciudad de los Reyes designó a Francisco García Calderón Landa, decano del Colegio de Abogados de Lima, como presidente del Perú el 12 de marzo de 1881, quien gozó al principio del reconocimiento de las autoridades chilenas. Abolió el Estatuto de Piérola y restituyó la vigencia de la Constitución de 1860.

García Calderón convocó a sesiones extraordinarias del Congreso con los miembros que habían permanecido hasta noviembre pasado, reuniéndose en el balneario de Chorrillos el 15 de mayo. Contó el colegiado con 32 representaciones, algunas de las cuales fueron temporales con los ciudadanos residentes en Lima hasta su reemplazo con los titulares. El interés primordial del colegiado estuvo dirigido a la discusión de los términos de paz en las negociaciones con Chile, prevaleciendo la prohibición de cesión territorial y que no contó con acuerdo unánime y precipitó la conclusión de las sesiones el 22 de agosto de 1881.

Actitud que no agradó al ejército de ocupación ni a su gobierno que ordenaba poner fin al régimen del presidente García Calderón quien ya había manifestado su negativa a firmar el acuerdo de paz con la correspondiente la entrega de Tarapacá al país sureño. Tanto él como su ministro Manuel María Gálvez, titular de Relaciones Exteriores fueron detenidos y desterrados a Valparaíso. Semanas después, el general Miguel Iglesias, ex ministro de la Dictadura de 1879, con su proclama de Montán (nombre de su hacienda) planteó la urgencia de lograr la paz con Chile, cediendo la provincia litoral de Tarapacá. Al mismo tiempo, Iglesias convocó una asamblea en Cajamarca con representantes de la zona norte del país: Cajamarca, Piura, Lambayeque, La Libertad, Ancash, Amazonas y Loreto, la que finalmente inició sus sesiones el 30 de diciembre de 1882.

La ausencia de García Calderón creó las condiciones para el establecimiento de un nuevo régimen a cargo del presidente Regenerador de la República y de un ministro general que era su hermano el coronel Lorenzo Iglesias. En Arequipa, paralelamente el almirante Lizardo Montero con una representación paralela en dos cámaras se daba inicio a sus funciones, el 22 de abril de 1883. Mantuvo a García Calderón como presidente de la República, detenido en Valparaíso, nombrando a Montero y a Andrés Avelino Cáceres como primer y segundo vicepresidente, respectivamente. El Legislativo completó la lista de representantes con ciudadanos del lugar. Dada la actitud del colegiado en no ceder territorio alguno, el régimen de Chile no la reconoció y mantuvo su funcionamiento hasta el 20 de junio del mismo año.

Durante este lapso el contralmirante Montero dispuso que, al haberse suspendido funciones la Corte Suprema en Lima ocupada por el ejército chileno y para evitar el perjuicio por la paralización de los juicios, que este colegiado con sus vocales y personal administrativo reanuden labores en Arequipa (Decreto 25 de noviembre 1882). La asamblea sureña no fue reconocida por Chile y prosiguió su funcionamiento hasta el 22 de octubre cuando el ejército chileno ocupó Ayacucho. Mientras tanto, en

Cajamarca el Poder Legislativo con simpatía chilena optó por poner fin al clima bélico lo cual se materializó en la suscripción del Tratado de Paz y Amistad entre las repúblicas de Perú y Chile o Tratado de Ancón, el 20 de octubre de 1883. Bajo la supervisión del ejército de ocupación cuatro días después el gobierno de Lima convocó una tercera asamblea constituyente, cuyos comicios se produjeron en Lima en forma directa. Una vez instalada, el 1º de marzo del año siguiente Miguel Iglesias y Pino fue nombrado presidente Provisorio de la República, dando inicio al segundo militarismo.

VII. La restauración del constitucionalismo y el segundo militarismo

El Congreso aprobó el Tratado de Ancón en sesión secreta; sin embargo, señaló que habiéndose producido éste todavía no existían las condiciones ni la estabilidad política necesarias debido a la ocupación chilena que se extendió por seis meses más, lo que impedía su cumplimiento. Declaró en vigencia la constitución de 1860 pero introduciéndole variaciones: No podrían establecerse más contribuciones sino en función de las posibilidades de su titular del contribuyente y para el bien público. El Ejecutivo decidía sobre los ingresos y egresos de la Nación, nombramiento de magistrados, renovación de autoridades; además contaba con la discrecionalidad para generar nuevos recursos. Circunstancia que nos demuestra el liderazgo de este poder del Estado que por reglamento determinó el establecimiento de Juntas Departamentales Fiscales presididas por el Prefecto y compuestas por delegados de provincias.

Aunque la intención fue recaudar y supervisar el uso de recursos públicos, el Estado prefirió mantener el perfil centralista, las Juntas se mantuvieron, pero carecieron de recursos, pues existían provincias que habían sufrido las inclemencias de la guerra, entre ellas Ayacucho, Junín y Huancavelica. Meses después en el mes de noviembre, se produjo una ofensiva que concluyó con enfrentamientos en plena capital y terminó por cercar al régimen. Desde entonces, se inició todo un proceso de acuerdos con la intervención del cuerpo diplomático para que Iglesias y Cáceres renunciaran al poder que ejercían. Se nombraron comisionados por las dos partes en pugna, designándose al Consejo de Ministros como órgano transitorio, el que convocó a elecciones luego que Iglesias dimitiera el 3 de diciembre de 1885.

En lo judicial, el presidente Iglesias creó una comisión investigadora y calificadora para que tomara cuentas a cualquier entidad del Estado sobre los fondos manejados, recibidos o gastados durante el conflicto bélico dentro y fuera de la república. (Decreto de 9 de noviembre 1883). Se declaró en vigencia la constitución de 1860; pero con modificaciones entre las cuales se indicaba: El Ejecutivo decidía sobre los ingresos y egresos de la Nación, nombramiento de magistrados, renovación de autoridades; además contaba con la autorización para generar nuevos recursos y realizar los cambios a su discreción.

La administración no pudo escapar a las críticas provenientes por los alcances del Tratado de Ancón, generando incluso una férrea oposición del propio ejército liderada por el coronel Andrés Avelino Cáceres Dorregaray, jefe de la resistencia durante la ocupación, lo que desencadenó la guerra civil. Situación que dio fin al régimen el 3 de diciembre de 1885 y dando paso a la convocatoria de elecciones generales.

El Partido Constitucional integrado por algunos miembros del Partido Civil, presentó a Cáceres como su candidato. Sólo el Partido Demócrata con Nicolás de Piérola fue la alternativa. Los Civilistas que lideraban el Congreso en la persona de Francisco Rosas se inclinaron por el Héroe de la Breña.

Pese a la gran expectativa de gestión por la fama del mandatario y el optimismo del presidente del Congreso, el 3 de agosto se suscitó la interpelación del ministro de Hacienda Luis N. Bryce a iniciativa de las Comisiones de Hacienda e Infracciones debido a la liquidación de las deudas pendientes con la Peruvian Guano así como de la Casa Dreyfus y por la conveniencia de iniciar un proceso en el exterior contra estas dos empresas. El ministro había presentado un presupuesto que fue objetado por dichas comisiones, las que a su vez decidieron rehacerlo, no concediendo el derecho a Bryce de plantear otra alternativa. Esta actitud de los Diputados contra el régimen se puso en evidencia meses después con la gestión del ministro Manuel Irigoyen. El grado de postración del fisco, debido al déficit estatal y a las dificultades de circulación entre billetes fiscales por la carencia de respaldo, generó situaciones de tensión para que se solicitara la censura del gabinete.

La Cámara de Diputados acordó la acusación constitucional de acuerdo con el artículo 59º de la constitución de 1860 y a la ley del 28 de septiembre de 1868 contra Manuel Irigoyen y el Pedro Alejandrino del Solar que derivada al Senado que al final no secundó. El nuevo presidente del Consejo de Ministros Carlos M. Elías manifestó al Congreso que, por la naturaleza del contrato Grace suscrito entre José Aranibar, agente fiscal en Europa y el personero de los tenedores de bonos peruanos, sus términos podrían motivar divergencia con Chile en su calidad de firmante del Tratado de Ancón, llegando a sostener que no podría someterlo a la discusión del Legislativo.

Afirmación que causó revuelo pues se ponía en tela de juicio si el beneficio debía ser para el país o para Chile, originando el inicio del trámite de la censura contra el gabinete. Situación que no prosperó porque sus miembros renunciaron antes de la aprobación de dicha medida y que generó, a manera similar de la experiencia de 1867, el gabinete de los directores. El 8 de noviembre de 1887 se conformaba un nuevo Consejo de Ministros presidido por el segundo vicepresidente de la República Aurelio Denegri e integrado en su mayoría por miembros del Congreso y tres días después se clausuraba la legislatura extraordinaria con la aprobación del reconocimiento del servicio de la deuda interna que había sido regulada por normas provenientes de 1873 y que habían generado intereses. Sin embargo, la manera como se llevó a cabo la conversión de los diferentes circulantes (billetes fiscales e incas) que pasaron a ser monedas acabó por perjudicar a los poseedores de certificados, quienes contemplaron la depreciación de sus acreencias.

La minoría había optado por dilatar la discusión del Contrato Grace como mejor arma para manifestar su oposición, llegando a límites insospechados con los largos discursos de Quimper. Luego de la clausura de las sesiones y ante la existencia de impasses entre los propios miembros del Legislativo, la mayoría estableció nuevas reglas para la renovación de la minoría opositora a la que se consideraba que: "... inhabilita los procedimientos de la mayoría o elude sus decisiones" (Basadre, 2000, tomo 8, 2044).

El 20 de mayo entró en funciones el Tercer Congreso Extraordinario que contempló el asunto del Contrato Grace, dándolo por concluido en todos sus términos. El ambiente era diferente al de los anteriores Congresos, limitándose a proponer enmendaduras en el documento a negociar, las que fueron aceptadas por el representante de los tenedores de bonos. A esta ley que autorizó el contrato se le incluyó otra norma con la intervención de Chile, dado que la naturaleza de la renegociación contemplaba aspectos del Tratado de Ancón, que se vinculaban a la entrega de guano al país sureño.

Las elecciones de 1890, a diferencia anterior, el Civilismo presentó sus propios candidatos: Francisco García Calderón Landa y Francisco Rosas Balcázar que reunían tanto a hacendados, mineros, militares, abogados y sacerdotes. Por su parte, Cáceres presentó a Remigio Morales Bermúdez como su sucesor, contando con el respaldo de Mariano N. Valcárcel, presidente de la Cámara de Diputados. Se produjo la renovación del tercio en diputados con la mayoría del partido Constitucional mientras en senadores se hallaban los Civilistas. Ello no detuvo confrontaciones entre el gobierno y la sociedad como el intento de asalto al cuartel Santa Catalina que arrojó una veintena de muertos, pese a su rendición.

Con el objeto de la renovación de cámaras de 1892 las fuerzas políticas se midieron entre los Constitucionalistas (algunos Civilistas) y los Constitucionalistas genuinos (partidarios de Cáceres). Mariano Nicolás Valcárcel como presidente de la Cámara de diputados y Francisco Rosas, en la de senadores llegaron al convencimiento que era necesario crear un frente contra la injerencia del militarismo sobre la base de los Civilistas y algunos Constitucionalistas, lo que dio origen a la Unión Cívica como alternativa al partido de gobierno.

En el plano cultural, se produjo el reconocimiento legal de la propiedad de tierras a cargo de indígenas –como antecedente a la incorporación constitucional de las comunidades- en el distrito de Cabana, provincia de Lucanas (30 de octubre de 1893). Se excluyó a los Prefectos de las Juntas Departamentales, disponiéndose que éstas quedaban a cargo de autoridades elegibles (24 de octubre de 1893). Estando las elecciones de 1894 próximas, las fuerzas políticas se dividían entre la Unión Cívica, el Partido Constitucional o Cacerista y el Demócrata o Pierolista.

Ante la repentina muerte del presidente Remigio Morales Bermúdez, el segundo vicepresidente coronel Justiniano Borgoño convocó no sólo al tercio que debía renovarse sino a la totalidad de las cámaras. En proceso electoral se mantuvo la misma política de sustituir a las municipalidades por Junta de Notables, hecho que generó abstenciones salvo las del partido oficial.

La elección de Andrés A. Cáceres, como nuevo mandatario, fruto de la presión de su partido, derivó en una tensa relación con grupos de la comunidad, llegando el gobierno a disponer la suspensión de las garantías individuales. Las críticas provenían de diferentes círculos sociales como de los partidos de oposición, quienes decidieron realizar el primer acuerdo nacional que pondría fin a la presencia de militares en el poder.

En diferentes partes del país, las protestas no se hicieron esperar: Oswaldo Seminario, Augusto Durand, Santiago Oré, Nicolás de Piérola y Amador del Solar, representaron la oposición de las zonas urbanas y rurales en Piura, Huánuco, Ica, Chincha y Arequipa, respectivamente. El gobierno impuso más impuestos para que las fuerzas del orden los combatieran, incluso se distrajeron las partidas presupuestales del pago de la deuda externa como los recursos de financiamiento de los departamentos.

La presión de la población desencadenó un enfrentamiento con la entrada a Lima de un contingente a caballo a Lima por la puerta de Cocharcas, el 17 de marzo de 1895. La fuerza liderada por Nicolás de Piérola y de los otros líderes combatió a las fuerzas del orden, ocasionando miles de muertos y heridos, en ambos bandos. Situación que obligó a un armisticio y a la conformación de una Junta de Gobierno a cargo de Manuel Candamo, que contó con la intervención de diplomáticos, para mantener el apaciguamiento. Cáceres optó por renunciar y la junta convocó a elecciones el 14 de abril, cuyo resultado favoreció a Nicolás de Piérola con el apoyo de los Civilistas, dando fin al segundo militarismo.

CAPÍTULO CUATRO

El retorno de los civilistas y el tercer militarismo

I. El constitucionalismo ad-portas del siglo XX: El retorno de Piérola

El decreto del 14 de abril convocó a elecciones generales de acuerdo con la ley de 1861. El Congreso al calificar las actas determinó la victoria de Nicolás de Piérola y Villena como presidente de la República acompañado por Guillermo Billinghurst y Augusto Seminario en calidad de primer y segundo vicepresidente de la República. Los nuevos miembros del Legislativo, en el mes de septiembre, propusieron mociones para retirar del escalafón a los generales Cáceres, Mas y Borgoño y declarar sin efecto las normas producidas por este poder el año anterior que pretendían aplicar responsabilidad penal contra los opositores al régimen.

Sin embargo, el Senado a través de las Comisiones de Constitución, Legislación e Infracciones se pronunció en contra del retiro del escalafón argumentando que tal sanción no era atribución del Congreso, en todo caso, elaboró el texto de la ley del 20 de diciembre de 1895 que derogó aquella que proclamaba a Andrés Avelino Cáceres como presidente de la República. El trámite de las acusaciones se derivó al Poder Judicial y el Ejecutivo se limitó a declarar nulas las resoluciones administrativas de los regímenes anteriores y a otorgar la amnistía política hasta la formación de la Junta de Gobierno a cargo del senador Manuel Candamo. Piérola al asumir el mando iniciaba todo un período de institucionalidad civil. Para él, el Congreso debía mantener:

> "...su separación en dos Cámaras, de diversa procedencia en su composición, con atribuciones peculiares á cada una i relación con las funciones que han de llevar en la forma federativa" (Partido Demócrata, 1912, p. 30)

La pérdida de la guerra y la desaparición del segundo militarismo otorgaban el momento propicio para plantear una nueva concepción del Estado: burócrata, estable y participativo del sufragio (mediante los partidos políticos). Burócrata, a través de la utilización de los recursos del país en un clima de estabilidad, combatiendo las dificultades naturales y adquiridas que permitirían alcanzar el bienestar.

El empleo público se daría de acuerdo con la aptitud, no creando dependencia del beneficiado respecto a quien lo otorgase, dado que éste representaba a la Nación en ese momento. Su número estaría sujeto a una administración fiscal y supervisión, la que finalmente estaría encargada al futuro Ministerio de Fomento (ley del 22 de enero de 1896), dependiendo de la transferencia de rentas para las Juntas Departamentales (ley del 21 de octubre de 1897).

El ejército, instrumento importante del Estado, era la institución a la que se le debía devolver el prestigio y moralidad, para ello se dio una nueva regulación entorno a los ascensos bajo normas castrenses (ley del 27 de septiembre de 1898), que incluían el servicio militar universal y obligatorio. A ello debemos agregar el interés de la civilidad en proporcionar una organización profesional, pero sobre todo apolítica, acorde con los cambios en los países vecinos, lo cual se lograría con la invitación de la misión militar francesa para hacerse cargo de la Escuela Militar de Chorrillos. Finalmente, el Estado debía ser participativo, a través de la colaboración de las fuerzas políticas, cuya organización y programa proporcionaban seguridad al sistema demócrata.

El órgano judicial debía ser más técnico y apolítico, para lo cual se debía dotarle de estabilidad en el puesto, declarando a los magistrados inamovibles y bien remunerados. Si bien es cierto la Constitución y la ley le otorgaban independencia, en los hechos se requería de una voluntad legal que consolidara su imparcial funcionamiento. En el Ejecutivo, en los hechos, trató de separar la jefatura de gobierno del presidente de la República trasladándose al presidente del Consejo de Ministros, de esta manera el primer mandatario quedaba excluido de la fiscalización, lo que le permitiría actuar más independiente. Por su parte, cada ministro gozaría de completa autonomía en el manejo de su cartera, coordinando con el de Hacienda para tener fondos.

Se reconocían los compromisos adquiridos por los regímenes anteriores, tanto en el extranjero como en el país, como reflejo de la confianza en el Estado que disponía de la voluntad para hacerlo, la capacidad para pagarlos, contando con los recursos y la dirección para orientar el crédito a una necesidad concreta. La economía para ser saneada requería de una estabilidad cuya imagen se lograría con el patrón oro aplicado a la libra peruana, destinando las monedas de plata y de cobre para otras transacciones, mientras que los billetes serían expedidos por una sola entidad.

La ley del 20 de noviembre de 1897 planteó la nueva organización a cargo de la Junta Electoral Nacional, juntas departamentales, juntas provinciales y delegaciones distritales. La existencia de un registro electoral y de las juntas de escrutinio facilitaba la proclamación de presidente y vicepresidente de la República El voto era público y directo. Durante este período también fue aprobada ley de Hábeas Corpus (21 de octubre de 1897), dando por culminando el proyecto proveniente cinco años atrás y que tenía por objetivo regular el artículo 18 de la Carta de 1860. El contexto político entre el final del segundo militarismo y el retorno de los civiles había incrementado las detenciones arbitrarias y demandaba su pronta reglamentación.

Por otro lado, Piérola había manifestado a la nueva legislatura, a través de un mensaje, su crítica al derecho de promulgar leyes provenientes de legislaturas ordinarias en sesiones extraordinarias, refiriéndose de manera concreta a la aprobación del Presupuesto de la República. En cuanto al balance de poder en las elecciones de 1897, los Civilistas ratificaron su alianza con los Demócratas, lo cual no fue secundado por algunos miembros de este último partido como Augusto Durand, los que luego crearon el Círculo Independiente, base del próximo Partido Liberal. A todo ello se añadió que la Cámara de Diputados se convirtió en foro adverso al gobierno, el que cuestionó la validez de las medidas gubernamentales y tomó la defensa de las Juntas Departamentales frente al centralismo del gobierno.

En medio de esta restauración del sistema se alzaron voces de reivindicación del colectivo indígena, sobre todo en una pacificación que reclamaba el país después de la Guerra con Chile. Manuel Gonzáles Prada, anarquista liberal, nos planteó, en el Tetaro del Politeama su célebre discurso (1888) donde propuso una reedificación del Estado y de la sociedad buscando, en primer lugar, la vigencia de las instituciones y revalorando el papel del indígena. Como parte integrante de la nación debería proporcionársele educación, lo cual le llevaría a la defensa de sus derechos de la mejor manera: Si del indio hicimos un siervo, ¿Qué patria defenderá? Como el siervo de la Edad Media, sólo combatirá por el señor feudal (Gonzales 1888).

Javier Prado, en su célebre discurso sobre "El Estado social del Perú durante la dominación española (1894)", llegaba a la conclusión que el indio se había vuelto más callado y servil después de la conquista. Para remediar las dificultades en su integración, debía formársele a través de la educación con la intención de colocarlo de acuerdo a las expectativas de la nueva industria nacional. La misma determinaba la necesidad de una repoblación con la presencia de inmigrantes europeos. Ideas que actuaban paralelamente a la necesidad de la formación de una elite con valores morales y culturales. Educada para gobernar, encontraría en la oligarquía su reflejo más cercano. Preocupación expresada por Francisco García Calderón Rey la cual serviría de derrotero ideológico para el segundo civilismo, cuyos miembros ya se habían nutrido de los planteamientos de Pardo. La visión del indio, en Alejandro Deustua (La Cultura Nacional), se circunscribió al aspecto laboral ya que la educación –según él- sólo se podía proporcionar a la gente capaz, pues el indio no podía sino ser sino una máquina.

II. El bipartidismo: El Partido Demócrata y el Partido Civil

El 28 de julio de 1899, Eduardo López de Romaña se convertía en el siguiente presidente de la República y con él se conservaba también la alianza Civilista-Demócrata, pero con ciertas dificultades pues se produjo un cisma al interior de los Pierolistas, quienes consideraban que era necesario recuperar la autonomía en la línea política. Pese a la existencia de civiles en ambos órganos de poder y con cierta oposición, existió el celo por la conservación de atribuciones de ambos poderes políticos. El Ejecutivo mantuvo la política de no dar trámite a aquellas leyes aprobadas en sesiones extraordinarias y que no respondiesen a las materias de su convocatoria. Circunstancia que creó hostilidades entre los poderes políticos y la consecuente renuncia del gabinete de Manuel María Gálvez Egúsquiza, que no frenó el apetito de los Demócratas o Pierolistas con mayoría en Diputados mientras que los Civilistas conservaban el liderazgo en el Senado). Actitud que agudizó la censura, produciéndose la renuncia de doce ministros, considerando que eran seis por gabinete.

La censura de Manuel Domingo Almenara Butler, presidente del Consejo de Ministros, el 13 de agosto de 1901 se debió al nombramiento de la Junta de Notables para las elecciones ediles en lugar de convocar a elecciones. Aunque contó con el apoyo de la Cámara de Senadores no se libró de la Diputados. El segundo gabinete censurado fue el liderado por Alejandro Deustua Escarza, presidente del Consejo de Ministros y titular del ministerio de Gobierno. En esos años se habían avanzado las conversaciones con el gobierno de Ecuador para definir las delimitaciones fronterizas, la cuales fueron calificadas como perjudiciales al país, siendo lesivas a la patria.

Le tocó al gabinete de Cesáreo Chacaltana enfrentar los reclamos de los indios de Chucuito respecto a los maltratos de los que eran víctimas Hecho que ocasionó la interpelación del ministro de Gobierno Leónidas Cárdenas. Este episodio que comprometerá varios gobiernos y congresos nos permite contemplar la poca presencia del Estado en zonas que recurrentemente convulsionaban. Fue así que al siguiente año Alejandrino Maguiña fue comisionado por el presidente Candamo para estudiar la razón de dichas quejas en Juli, Puno, generadas por los abusos de los hacendados, así como de la parcialización de los propios alcaldes y jueces de primera instancia, quienes propiciaban o secundaban los servicios forzados, el establecimiento de impuestos a los productores de lana y del cobro arbitrario del impuesto predial.

Años más tarde, el subprefecto de Chucuito, sargento mayor Teodomiro Gutiérrez Cuevas intervino a favor de los indios, lo que le valió ser calumniado e incluso denunciado por los diputados y senadores de Puno, demandando la vacancia del cargo. Más adelante, al perder apoyo gubernamental y siendo combatido por los hacendados puneños se retira a Bolivia y reaparece como líder indígena llamado Rumi Maqui (Mano de piedra). Su insurrección fue derrotada por las fuerzas del orden y su líder capturado y juzgado por traición a la patria. Luego de la sentencia desaparecerá sin dejar rastros. Pese a todo, el informe Maguiña reveló el acercamiento del gobierno y luego del Legislativo en el diagnóstico de los problemas nacionales, cuyas medidas correctivas terminaron por ser ineficaces debido a la presión de los propios hacendados por la poca presencia del Estado.

Mientras tanto, ante el bipartidismo en el poder, emergió el Partido Liberal, como nueva fuerza política, a cargo de Augusto Durand hizo que los miembros del Legislativo, sobre todo los Demócratas, vieran en ellos la recuperación del espíritu de fiscalización -en sentido más estricto- de los actos gubernamentales que hasta ese momento se habían enfrascado o diluido entre Demócratas y Civilistas. Los ex Demócratas insistían en que, previo a la ocupación de un nuevo cargo gubernamental, debería deslindarse la responsabilidad política.

Además, los liberales postularon la declaración de inconstitucionalidad de las leyes por la Corte Suprema, la defensa de las comunidades de indígenas, la separación del vínculo Iglesia-Estado con el consecuente ejercicio pleno de otras religiones; la defensa del derecho de reunión, la descentralización, etc. Sin embargo, su presencia política se mantuvo en un segundo lugar debido al protagonismo que aún conservaba Piérola desde la oposición. En el ámbito económico, el régimen conservó el plan Demócrata respecto a la emisión de la Libra Peruana de Oro y de monedas de plata de 9 décimos y las de cobre para los centavos; brindando confianza al mercado. La ley del 22 de noviembre de 1901 trató de evitar distorsiones en los ascensos de la fuerza militar, limitándolos a concursos bajo criterios de antigüedad y aptitud. Las entonces ordenanzas indianas fueron reemplazadas por el primer Código de Justicia Militar del 20 de diciembre de 1899.

El bipartidismo no sólo se vio afectado por la emersión de las otras fuerzas políticas sino por el resquebrajamiento del propio partido Civil. Con la presencia de Manuel Candamo se había logrado la anhelada refundación, pero su muerte repentina mientras se desempeñaba como presidente del Perú, abrió un espacio entre los miembros de vieja y nueva guardia de la agrupación, ésta última liderada por José Pardo y Barreda e integrada por Augusto B. Leguía. Ambos futuros presidentes en los sucesivos procesos electorales. Sin embargo, Leguía tomaría distancia de los Civilistas al momento de iniciar su gestión. Tensa situación que albergó una recomposición en el Congreso, variándose el número de escaños del partido oficial con miembros del leguiismo en la renovación por tercios. La experiencia del entonces presidente preparó el terreno para que los electores en la campaña de 1912 prefiriesen Guillermo Billinghust, Angulo, quien reemplazó a Piérola, ya fallecido, en el liderazgo de los Demócratas. Fiel a su denominación, su campaña electoral se caracterizó por medidas reivindicativas para los obreros y por ello se le conoció como Pan Grande frente a su contendor Antero Aspíllaga Barrera, líder civilista.

La actitud del nuevo presidente, por su cercanía a los sectores laborales desplegó medidas que buscaban democratizar los mecanismos del sistema político, innovó las reglas para ampliar la base electoral, bajo el argumento que quien paga impuestos, vota. Más adelante, el Congreso le enmendó la plana señalando que sólo tenían derecho al sufragio los grandes contribuyentes. Gradualmente, la relación Ejecutivo-Legislativo se fue deteriorando, en los momentos más álgidos la postergación de la aprobación del presupuesto general de la república correspondiente de 1912 hasta el año siguiente hizo que el gobierno mediante decreto del 29 de diciembre de ese año, se hiciera cargo de las finanzas, sin el apoyo congresal. Situación que sería recogida décadas después como atribución constitucional del Ejecutivo. Billinghurst se inclinaba por la renovación total del ente congresal, previa disolución. Medida que iría acompañada por reformas que involucraban.

La disminución del número de representantes -sobre todo de aquellos que aparecieron como consecuencia de la creación más política que técnica de nuevas provincias-; la ampliación de la legislatura cuando el presupuesto nacional no llegase a ser aprobado, dedicándose exclusivamente a ello. Además, la prohibición del ejercicio de toda función administrativa sea pública o privada mientras se desempeñase como congresista. La desaparición de la figura de los vicepresidentes de la República, pues en caso de vacancia asumía transitoriamente el presidente del Senado. El derecho del gobierno de regular los sueldos de los funcionarios públicos. El establecimiento del referéndum o plebiscito nacional como alternativa a las decisiones del Congreso, en tanto ambos mostrasen la voluntad popular.

El conjunto de estas propuestas coincidió con las de Mariano H. Cornejo y Javier Prado, lo cual permitió que algunas de ellas fuesen estudiadas y aprobadas por el Legislativo. Billinghust aunque tenía arraigo entre los sectores de mayoría, sobre todo obreros y artesanos, no decidió armar a la población para ejercer presión y someter al ente congresal. Los primeros días del siguiente mes se produjeron detenciones, peticiones de asilo político y clausura de medios de comunicación.

Los sublevados de la guarnición de Lima marcharon a Palacio y lograron la renuncia del presidente de la República, quien accedió a tal pretensión (El Comercio, 4 de febrero 1914). En su reemplazo se estableció una Junta de Notables, cuyos miembros en su mayoría provenían del Congreso. El 15 de mayo de dicho año, una moción propuso al coronel Oscar R. Benavides como presidente Provisorio de la República, la cual fue formalizada mediante resolución legislativa N.º 1958, desapareciendo la Junta de Notables y declarándose en receso el ente congresal hasta su instalación en vísperas de las Fiestas Patrias. En los comicios del 16 de mayo de 1915 los Civilistas, previa Convención Nacional, llegaron a un consenso entre las diferentes tiendas políticas, venciendo José Pardo y Barreda como presidente de la República, acompañado por Ricardo Bentín y Melitón Carbajal como primer y segundo vicepresidente, respectivamente. En el plano político en 1919, hubo la intención de realizar otra convención o modalidad que reuniese a los partidos a similitud de lo ocurrido con José Pardo; más no se llegó a acuerdo alguno porque cada uno de éstos tenía ya su propio candidato.

Debido a su lejanía del país, la figura de Leguía se había visto robustecida presentándose como una alternativa frente a las otras tiendas políticas, tal como se percibió en los resultados electorales en Lima y Callao. Pese a ir favorito en las actas y conforme concluía el proceso, se produjeron observaciones en éstas. Circunstancia que advertía que la última decisión en la elección presidencial la tendría el Parlamento con mayoría civilista que apostaba por su contendor Antero Aspillaga, anterior adversario de Billinghurst.

Con el golpe propiciado por Leguía el proyecto de bipartidismo, creado desde 1895, llegaba a su fin siendo sustituido por un régimen reformista que afectaría la estructura del Estado como la democracia de entonces.

III. La Patria Nueva y las reformas estatales

La sublevación del 4 de julio de 1919 significó en términos políticos el fin de la República Aristocrática y el Partido Civil en el régimen debido al desgaste por el ejercicio de poder y por carecer de mecanismos de renovación. Pero esta fecha también marcaba el inicio de la Patria Nueva, en defensa de los intereses nacionales, el establecimiento de una legislación que asegure el orden público que no desconociera el ejercicio de los derechos, el:

> "... desarrollo cultural y material por la asistencia social y por la protección a la raza indígena, por la dación de leyes para el mejoramiento y adelanto de las clases obreras y para garantizar la armonía entre el capital y el trabajo..." (Guerra Martiniére, 1988, Tomo IX, p. 192).

Planteamientos que fueron las bases programáticas del Partido Democrático Reformista o Leguiísta, aval de los actos gubernamentales y legislativos. La idea del establecimiento de este nuevo orden no fue conciliadora pues los ministros del Oncenio, a diferencia de sus similares anteriores, no buscaron el acercamiento hacia las otras fuerzas políticas, lo cual explica la inexistencia de leyes de amnistía. Era la primera vez que se alternaban cuatro congresos en simultáneo, (el nacional, uno del norte, centro y sur del país) reflejándose la descentralización desde el órgano congresal a diferencia de las otras alternativas gubernamentales.

El Congreso al formarse como Asamblea Nacional tendría como misión la reforma de la Constitución. A través del plebiscito, mecanismo propuesto anteriormente por Billinghurst, se sometió a la decisión del electorado la incorporación en la ley fundamental de los siguientes aspectos: La renovación total del Legislativo que coincidiría con el del mandato del Ejecutivo, cada cinco años. El Congreso estaría compuesto por 35 senadores y 110 diputados, elegidos por voto popular directo y funcionará de 90 a 120 días al año. Las garantías individuales no podrían ser suspendidas por ninguna ley ni autoridad. El próximo Congreso se instalaría el 15 de septiembre presidido por el presidente del Senado y funcionará por 30 días como Asamblea Nacional para promulgar las reformas constitucionales. De estas propuestas distinguimos planteamientos dirigidos a establecer garantías a favor del individuo así como innovaciones en la organización estatal existente. A ello se incorporaba el funcionamiento del Consejo de Estado y la marcha paralela de tres Congresos Regionales, con las siguientes jurisdicciones: Norte: Los departamentos de Piura, Lambayeque, La Libertad, Ancash, Cajamarca, Loreto y Amazonas, así como la provincia de Tumbes. Centro: Los departamentos de Lima, Junín, Huánuco, Ica, Huancavelica, Ayacucho, y la provincia Constitucional del Callao. Sur: Los departamentos de Arequipa, Tacna, Cusco, Apurímac, Puno, Madre de Dios, y la provincia de Moquegua. Congresos que en la práctica estuvieron supeditados al Poder Central, viéndose reducidos a actuar como entes de iniciativa, pues sus normas podían ser vetadas por el Legislativo o el Gobierno.

La Asamblea Nacional instalada el 24 de septiembre de 1919 encarnó la renovación del Legislativo, cuyo liderazgo doctrinario estuvo repartido entre Mariano H. Cornejo y Javier Prado Ugarteche. En él también hallamos otras fuerzas como los Demócratas con Carlos de Piérola; Leguiístas: Eduardo Basadre y Enrique Oyaguren; Liberales: Lauro Curletti y Eduardo La Natta y Constitucionales: César Canevaro y Augusto Bedoya. Con carácter retroactivo se expidió la ley 3083 que otorgó validez a los dispositivos expedidos por el régimen entre el 4 de julio y la proclamación de presidente Constitucional de la República:

> "La Asamblea Nacional: Ejercitando la plenitud del Poder Constituyente que le ha conferido el plebiscito... Ha dado la siguiente ley constitucional:
>
> Art. 1.- Apruébense todos los actos practicados por el Gobierno Provisional para hacerse cargo del Poder, para convocar a los pueblos al plebiscito nacional y para conservar el orden.
>
> Art. 2.- Tienen fuerza de ley todos los decretos expedidos por el Gobierno Provisional.

Art. 3.- El Gobierno Provisional continuará ejercitando el Poder Ejecutivo hasta el día que se proclame Presidente Constitucional" (García Belaunde, 2016, p. 413).

Acto seguido el Legislativo realizó el conteo para las elecciones resultando ganador Augusto B. Leguía como presidente de la República y proclamando luego a César Canevaro y Agustín Torres Gonzáles como primer y segundo vicepresidente respectivamente. Además de ello, por ser el Congreso de carácter constituyente se irrogó éste la facultad de alargar el mandato presidencial de cuatro a cinco años, el mismo que concluiría el 12 de octubre de 1924. En la sesión siguiente, se formó la Comisión de Constitución elaboró el proyecto de Constitución tomando como base el resultado del plebiscito, el cual debía ser aprobado por un tercio de los senadores y diputados. Algunos de éstos como Manuel Frisancho entendieron que las medidas plebiscitarias estaban orientadas a la reforma de la Constitución de 1860 mas no a su sustitución. De las leyes complementarias referidas a las reformas sólo se expidieron durante todo el Oncenio las relacionadas al Consejo de Estado y al servicio diplomático. En cuanto a la descentralización, el ente por excelencia representado en la Municipalidad se encontró ausente en los comicios, su conformación quedó supeditada a las designaciones hechas por el Ejecutivo.

La incorporación de las reformas aprobadas por el plebiscito, en opinión de la Comisión de Constitución, requerían de un trabajo de concordancia con otros aspectos existentes regulados por la ley fundamental y dado que la Asamblea era constituyente, la coyuntura le otorgaba la facultad hacerlo. Luego de la discusión si las nuevas medidas eran intangibles o irrevocables, la Asamblea se inclinó por lo segundo, estableciendo además los mecanismos de aprobación con la siguiente secuencia: Primero los artículos nuevos, luego los plebiscitarios (en concordancia la Constitución a dictarse); y la revisión de los artículos suprimidos de la carta anterior. La nueva Carta fue promulgada el 18 de enero de 1920. En cuanto al Legislativo, su nueva organización quedó compuesta por 35 Senadores y 110 Diputados, número que no se podía alterar sino por reforma constitucional. Se derivaba a la ley la regulación de las circunscripciones territoriales. Dicha Comisión de Constitución declaró que por cada 50 mil habitantes correspondía un Diputado y por departamento 3 Senadores.

En cuanto a la incompatibilidad de funciones se recogió el planteamiento de Billinghurst, declarándose la vacancia de los miembros del Congreso por aceptar empleos, cargos o beneficios del Poder Ejecutivo, a excepción del desempeño como ministro de Estado (Ley del 10 de setiembre de 1887) o de miembro de comisiones extraordinarias de carácter internacional. Se retomó la costumbre de inaugurar la legislatura ordinaria cada 28 de julio, con o sin convocatoria, pero con la presencia de por lo menos el 60 por ciento de sus miembros y que funcionaría de noventa a ciento veinte días. La convocatoria a legislatura extraordinaria quedaba supeditada a iniciativa del Ejecutivo. La clara intención de aprobar el Presupuesto General de la República en el Congreso llevó al gobierno a plantear que aquella no podía clausurarse mientras no se llevara a cabo dicha aprobación. Hasta entonces se debía hacer uso de la prórroga, mientras tanto, regía el presupuesto anterior por doceavas partes.

En cuanto al Ejecutivo, se estableció que el mandato para presidente de la República duraba cinco años, no pudiendo ser reelegido sino para un período inmediato (artículos 113º y 119º de la Constitución de 1920). Pero conforme el poder de Leguía se acentuaba, el Congreso expidió la ley Nº 4687 (19 setiembre de 1923) que reformó el dispositivo, estipulando que podía ser reelegido por un período inmediato y por única vez. Años más tarde, el mismo ente dio la ley Nº 5857 eliminando tal restricción, dejando el camino expedito para la reelección sin limitación alguna. Las funciones de diputado o senador quedaban limitadas mientras se ejerciera el cargo de ministro. El voto de falta de confianza, emitido por una o ambas cámaras, obligaba a este funcionario a renunciar.

La novedad en esta Constitución fue el retorno del Consejo de Estado que servía de elemento bisagra entre el Congreso y el Ejecutivo. Sus miembros eran nombrados por el Consejo de Ministros y ratificados por el Senado. En cuanto a los Congresos Regionales, los Diputados funcionaban paralelamente a sus pares nacionales, sin embargo, su período de sesiones sólo duraba treinta días al año. Se prohibía a los magistrados desempeñar función política.

Opinión en clara alusión al protagonismo de Germán Leguía y Martínez, vocal de la Corte Suprema y luego ministro de Gobierno, conocido por denegar los recursos de Habeas Corpus y quien terminaría por ser víctima posteriormente de la propia dictadura de su primo.

Un punto capital de la Carta de 1920 fue el de las garantías nacionales, sociales e individuales que se sitúan en los cambios suscitados a nivel mundial con la Constitución de Weimar (Alemania) y la de Querétaro de 1917 (México). La distinción en el caso peruano variaba según el derecho invocado: si era inherente a la persona o si estaba en función de su pertenencia a la sociedad. Dentro de este aporte se puede apreciar la confusión en la redacción de los capítulos correspondientes al incluirse los derechos (que constituían la parte principal) con las garantías (que eran sus mecanismos protectores). Constitucionalmente se estipuló que las leyes protegían y obligaban igualmente a todos, estableciéndose leyes especiales solamente en razón de la naturaleza de las cosas (artículo 17°). Nadie podía ser arrestado sin mandato escrito del Juez competente salvo por flagrante delito. Frente a las medidas arbitrarias, la persona detenida o cualquier otra podía interponer el Habeas Corpus (artículo 24°). Las declaraciones obtenidas por la fuerza, las condenas hechas por jueces de competencia distinta, así como la ejecución de leyes no existentes al momento de cometerse el hecho imputado invalidaban legalmente el acto (artículo 26°). A pesar de recalcarse estas medidas constitucionales la práctica gubernamental entró en conflicto en diferentes ocasiones.

En lo cultural, cabe resaltar en la Carta de 1920 el reconocimiento de la existencia legal de las comunidades de indígenas en el ámbito constitucional, zanjando con ello las consecuencias que había acarreado su abolición desde 1825. En primer lugar, el Estado se irrogaba la protección de la raza indígena, derivando al ámbito jurídico los derechos que les correspondiera, entre otros, el fomento para su desarrollo (artículos 57° y 58°). Como señala Basadre, el sistema legal en forma dispersa ya había otorgado dicho reconocimiento:

> "La resolución legislativa del 11 de octubre de 1893... declaró que los indígenas eran legítimos propietarios de los terrenos por ellos poseídos... el Código de Aguas reconoció la existencia de las comunidades, lo mismo que la ley de caminos del 2 de noviembre de 1916" (Basadre, 2000, Tomo 11, p. 2877).

Por otro lado, se declaró que los bienes de las comunidades de indígenas junto a los del Estado eran imprescriptibles, siendo transferibles solo por título público (artículo 41). Este discurso reivindicativo se vio complementado con la creación de la Sección de Asuntos Indígenas en el Ministerio de Fomento y Obras Públicas, la creación del Patronato de la Raza Indígena, el funcionamiento de escuelas en el campo, así como el establecimiento del Día del Indio.

Bajo los auspicios de esta propuesta de democracia hubo también un acercamiento del gobierno hacia los nuevos industriales y la clase media, lo que contrastaba con las constantes medidas arbitrarias. A las protestas generadas por la denegatoria de los recursos de Habeas Corpus, el ministro de Gobierno Germán Leguía y Martínez respondió que éstos sólo se concedían en los casos de abuso de autoridad o como garantía de los "ciudadanos honrados", y que los actos al haberse desarrollado durante el mandato del gobierno provisional ya habían contado con el respaldo de la Asamblea Nacional mediante la ley N° 3083. Las críticas provenientes de los medios informativos y del claustro universitario suscitaron nuevas medidas represivas, entre ellas la detención de Luis Fernán Cisneros, director del diario La Prensa; la deportación de Augusto Durand su propietario, y la expropiación de este diario. A esto se sumaron en los meses siguientes, las deportaciones de: Víctor Andrés Belaúnde (Decano de la Facultad de Letras de la Universidad Mayor de San Marcos), Oscar R. Benavides (ex Presidente de la República), de los Diputados Pedro Ruiz Bravo (representante de Antabamba), Juan Manuel Torres Balcázar (representante de Lima) y Manuel Prado Ugarteche (representante de Huamachuco); del líder universitario Víctor Raúl Haya de la Torre y en 1923 del propio Germán Leguía y Martínez, quien alejado del gabinete y como Diputado por Lima, se opuso a la reelección de su primo, recibiendo como sanción la misma medida que él aplicara como ministro de Gobierno.

El Congreso, por iniciativa del representante de Puno José Encinas, creó una comisión investigadora para analizar las revueltas producidas en Cusco y Puno, lugares sensibles socialmente donde los gamonales aún conservaban las prácticas de trabajo forzado o enganche, para favorecerse de la mano de obra gratuita.

El Oncenio en aquellos lugares donde no pudo imponer su poder, se vio obligado a seguir con las influencias locales o regionales existentes como las de Luis F. Luna, diputado por Sandia o Enrique Torres Belón, diputado por Lampa, quienes se hallaban de acuerdo con su propuesta política. Dentro del nuevo orden creado encontramos una serie de obras públicas financiadas con los préstamos internacionales provenientes de los Estados Unidos y autorizados por el Congreso desde 1922 a través de la ley N.° 4387 (14 de julio de 1922) por 5 millones de dólares. Suma que gradualmente fue ascendiendo hasta la autorizada por la ley N.° 5930 (18 de diciembre de 1927), por valor de 100 millones de dólares conocida como el "Empréstito Nacional Peruano", que se destinó a refinanciar la deuda externa y a la ejecución de las obras como el servicio públicas en la capital del país y de otros centros en el interior, así como los proyectos de colonización. Para éstos últimos se promulgó la ley N.° 4113 o ley de conscripción vial, la misma que proporcionaría la mano de obra proveniente de hombres entre 18 y 60 años residentes, peruanos o extranjeros: La política vial del gobierno afectó el control que tenían sobre los caminos.

Además, la ley vial obligó a movilizar a los trabajadores de las haciendas sin considerar el calendario de las actividades agrícolas de la costa. Bajo un propósito de participación se creaba una corruptela debido a que las autoridades pronto se convirtieron en los propios explotadores. Complementariamente, el régimen no aceptaba la existencia de una mano de obra ociosa, situación contemplada en la ley N° 4891 que consideró a la vagancia como fenómeno opuesto a los deseos del Estado, comprendiendo en ella a todo aquel individuo, mayor de edad, que estando en condiciones de valerse por sí mismo, no trabajase. El interés por la pervivencia de del poder leguiísta hizo que se utilizara la boleta militar para el siguiente proceso de comicios, descartándose los padrones de contribuyentes. Las elecciones fueron directas y públicas, optándose por asignar al Congreso la función del conteo de votos para presidente de la República, proclamándolo posteriormente.

Cabe destacar que, aunque hubo el acercamiento entre el Ejecutivo y el Legislativo que permitió la carencia de oposición entre ambos desde 1924, el panorama se vio alterado excepcionalmente por el tema referido al Tratado de Límites Salomón-Lozano el cual versó sobre la delimitación fronteriza con Colombia. Las cláusulas habían señalado, a favor de Colombia, el Trapecio Amazónico y en contraparte le correspondía al Perú el Triángulo de Sucumbios, el cual terminaría por ser entregado por nuestro país a Ecuador con la firma del Protocolo respectivo en 1942. Pese a haberse firmado el Tratado de Límites en 1922, éste no fue aprobado sino luego de cinco años. El presidente Leguía no pudo negar el rechazo de una parte del Legislativo a la ratificación y canje del documento. Negativa que también la población haría sentir en 1932 cuando un grupo de peruanos trató de reivindicar el territorio cedido al seno patrio, sin éxito alguno.

En lo político y como se esperaba, el resultado del sufragio del 4 y 5 de agosto de 1929 reveló que el mandato presidencial permanecía por un tercer mandato en manos de Augusto B. Leguía. Como candidato único obtuvo una aplastante mayoría y el respaldo de los miembros de ambas cámaras del Congreso. Sin embargo, el impacto de la crisis de Wall Street de 1929 mostró las debilidades de las alianzas políticas, cuyos miembros comenzaron a apartarse del partido oficial. A la suspensión de trabajos y la interrupción de recursos estatales se agregó la falta de pagos con las instituciones financieras norteamericanas y nacionales.

La conclusión de este período también nos permite contemplar la última presencia de un religioso y militares en actividad como parlamentarios, siendo los últimos el presbítero Mariano García, diputado por Canas y Espinar desde 1919 hasta 1924 y el general César Canevaro, representante por Huancavelica y presidente de la Cámara de Senadores en 1921.

El aspecto económico en la Carta de 1920 se vio complementada con los actos del régimen que reflejaban una tendencia liberal y exportadora, lo que llevó a la modernización del Estado con la participación de capitales nacionales, pero sobre todo norteamericanos dentro de un modelo de desarrollo de afuera hacia adentro y que se vio plasmado en el discurso político de Augusto B. Leguía y en las leyes correspondientes: "En la costa irrigo, en la sierra, comunico; en la selva, colonizo". Aquí nuevamente, se trataba de una política cultural impuesta hasta que los habitantes se civilizaran.

Para lograr su cometido aumentó los impuestos, incrementó la administración pública, pero a través de sus relaciones con los Estados Unidos logró empréstitos y la cooperación técnica en el agro, la salud y educación. Situación que significó un considerable aumento de la deuda externa en 221 millones de soles, equivalente a ocho veces el monto de la deuda, al inicio de su mandato.

La modernización generó el establecimiento de órganos autónomos legales orientados al sector económico financiero: el Banco Central de Reserva, la Administración Nacional de Recaudación y la Contraloría General de la República. El Banco Central de Reserva del Perú empezó su labor el 4 de abril de 1922, bajo la presidencia del abogado Eulogio Romero con la finalidad de tener un sistema monetario que no generase inflación sobre todo en este régimen que contaba con bonanza gracias al crecimiento económico por los nuevos impuestos y el dinero proveniente de los Estados Unidos de Norteamérica.

En 1930 ante la estrepitosa caída del régimen se crearon nuevas condiciones para la reorganización estatal y sobre todo incidiendo en la regulación del Estado en materia económica; que originalmente tuvo como propósito su recuperación después de la crisis mundial de Wall Street de 1929. En ese sentido, la llegada al Perú del economista Edwin Kemmerer, encabezando la misión que lleva su nombre durante el gobierno provisional de David Samanez Ocampo, estableció una serie de medidas que fueron cumplidas en los regímenes posteriores hasta lograr en 1937 tener superávit dentro de un manejo económico responsable.

IV. LA CONSTITUCIÓN DE 1933 Y SU IMPACTO

La propuesta de La Patria Nueva había revelado el traslado del poder de la antigua oligarquía civilista a un nuevo grupo (plutócrata urbano), encarnado por el propio Leguía de quien luego se dudaba si había representado a la clase media :... a través de un excivilista que vestía jaquet, era aficionado a las carreras de caballos...(Guerra, 1994, Tomo VIII, p. 98).

La penetración de Estados Unidos, dentro del proyecto de modernidad gubernamental peruano (sector público y privado: petróleo, minería, azúcar, algodón, comunicaciones, etc.), proporcionó el dinero que terminó siendo usado además como instrumento de alianza política. Hecho que debilitó la institucionalidad del país al generarse un grado de corrupción hasta entonces no conocido. El desgaste de poder del Oncenio fue de tal magnitud que el Presidente decidió transferir sus atribuciones a una Junta Militar presidida por el anterior Ministro de Guerra, general Manuel María Ponce, quien pese a dar a conocer públicamente la renuncia del ex mandatario y la convocatoria a una nueva Asamblea Nacional, no tuvo eco.

Desde Arequipa, el comandante Luis Miguel Sánchez Cerro lideró el levantamiento que se extendió hacia Lima y sustituyó, a través de otra Junta Militar encabezada por él mismo, al efímero gobierno de Ponce. A esto se sumó la instalación del Tribunal de Sanción Nacional, órgano no contemplado en la Constitución de 1920 que tuvo la misión de investigar y sancionar los posibles casos de corrupción en los contratos celebrados a nombre del Estado desde el 4 de julio de 1919 hasta la caída del régimen. Otro aspecto cuestionable fue la explotación en nombre de la ley de conscripción vial y la de vagancia.

En el ámbito externo se cuestionó la celebración del Tratado con Colombia, que retiró a Leticia del territorio nacional, así como el grado de dependencia del Estado peruano frente a los Estados Unidos. El apoyo popular al Golpe de Estado pronto tuvo respuesta del Ejecutivo con la derogación de la ley de caminos. Sin embargo, las otras demandas, así como la recuperación de la institucionalidad del país requerían de la convocatoria a elecciones para presidente de la República y la de un nuevo Legislativo, bajo la versión de Asamblea Constituyente con la participación de 120 representantes (Decretos leyes N.° 6953 y N.° 6979).

En este ínterin, primó el argumento de establecer un régimen de tránsito integrado por representantes de distintas regiones del país mientras las entidades políticas recuperasen liderazgo. Así, Sánchez Cerro fue reemplazado por la Junta Nacional de Gobierno presidida por David Samanez Ocampo, la cual planteó medidas económicas y expidió el Estatuto de Elecciones a través de Decretos Leyes. Cabe destacar además la designación de una comisión presidida por Manuel Vicente Villarán, eminente jurista, con la finalidad de formular un anteproyecto de constitución estatal, el que se presentó a inicios de la nueva legislatura.

Para los comicios se presentaron Víctor Raúl Haya de la Torre por el Partido Aprista Peruano (APRA) y el coronel Luis Miguel Sánchez Cerro por la Unión Revolucionaria (UR), siendo declarado por el Jurado Nacional de Elecciones ganador este último, lo que le permitió contar con 67 escaños en la Asamblea, compartiendo el mandato con 24 curules Apristas, a los que se sumaron otras ocupadas por Descentralistas, Socialistas e independientes, entre los que destacó Víctor Andrés Belaúnde. La contienda electoral presidencial alcanzó ribetes de manifestación popular debido al carisma y a las posturas extremas demostradas por ambos candidatos, lo que se acentuó, más aún, con la diferencia del resultado entre el primer y segundo candidato que reflejó sólo un 4 por ciento del total de votos válidos.

El APRA como no quiso aceptar la derrota y el país pronto percibió el antagonismo de estas fuerzas incluso al interior del Congreso. Salió elegido Luis Antonio Eguiguren como presidente del Congreso, siendo acompañado por Clemente J. Revilla, ex Civilista, diputado y senador hasta 1917, como vicepresidente. En la misma fecha, el nuevo presidente de la República y su gabinete asumieron funciones.

Entre tanto, el Legislativo aprobó su Reglamento Interno para el establecimiento de las comisiones de trabajo sin inhibirse de la fiscalización al Ejecutivo, destacando aquel artículo que dispuso la concurrencia obligatoria de los ministros al recinto parlamentario a petición de 24 representantes, hecho que causó malestar en el régimen que intentó modificarlo. Sucesos ocurridos en el norte del país y la pública crítica, a través de volantes o artículos periodísticos, motivaron que el Ejecutivo enviase el proyecto de la ley de emergencia para el mantenimiento del orden público a la Asamblea. La norma aprobada, bajo criterios partidistas, estableció el uso legal de mecanismos de fiscalización al confiarlos al ministro de Gobierno y autoridades políticas y dejando sin efecto la existencia de los principios cautelares de defensa y seguridad jurídica al individuo. El Poder Judicial y la garantía del Habeas Corpus quedaron al margen del sistema.

En uso del Reglamento Interno, los representantes apristas y descentralistas exigieron la concurrencia del ministro respectivo, hecho que inició la detención de todo asambleísta considerado como peligroso para el Ejecutivo, entre ellos: Carlos Doig y Lora, Gustavo Neuhaus, Arturo Sabroso, Luis Alberto Sánchez, Carlos M. Cox, evidenciando una muestra palpable del atentado contra la inmunidad parlamentaria. Los esfuerzos del presidente del Legislativo frente a las posturas de los miembros de la mayoría de la propia institución fueron en vano. Por estrategia, éstos preferían dejar de lado la discusión sobre las medidas arbitrarias para abordar otros aspectos de la vida del país. Situación que terminó por ahondar más el convulsionado clima y creó las condiciones para una guerra civil. Acorde con la ley de emergencia se establecieron Cortes Marciales (Ley N° 7546 del 15 de julio de 1932) sobre todo luego de la toma del cuartel O 'Donnovan en Trujillo.

En referencia al anteproyecto Villarán, los legisladores integrantes de la Comisión de Constitución realizaron las modificaciones y conforme avanzaba su labor se le obligó a mostrar sus acuerdos; tomándose un año para la elaboración definitiva. La suscripción de la Constitución de 1933 fue también el momento propicio para expresar a través de las reservas de algunos parlamentarios su inquietud por la recuperación de las funciones de control por parte de la judicatura. El Congreso reconstruyó, en este marco teórico, el sistema democrático con la introducción de lineamientos políticos, económicos y sociales en la nueva Carta. Para ello, mantuvo la distinción clásica de expresar una serie de derechos de carácter individual y de mostrar la organización estatal con la distribución de poderes donde se otorgaba la primacía al Legislativo, lo que se conoce en la doctrinariamente como parte dogmática y orgánica respectivamente.

La Constitución de 1933 otorgó el liderazgo político al Congreso, como respuesta al protagonismo del caudillo Augusto B. Leguía, generándose mecanismos de control para el presidente de la República. Lo cual nos hace percibir la poca memoria de los constituyentes respecto a experiencias políticas anteriores. Finalmente se llegó al acuerdo de elegir al mandatario por sufragio directo popular, el que sería proclamado por el Jurado Nacional de Elecciones, bajo la premisa de haber obtenido la mayoría simple no menor a la tercera parte de votos válidos (artículo 138°). En su defecto, el Congreso designaba al ganador de los tres candidatos con mayor número de votos. En caso de vacancia, las funciones eran derivadas al Consejo de Ministros, debiendo el Legislativo elegir al reemplazo con el objeto de cubrir el cargo hasta la finalización del mandato.

Pese a llegar al convencimiento de imponer el régimen mixto presidencial-parlamentario, éste careció de un sistema integrado que reflejase un verdadero control. Vacíos e imprecisiones generaron dificultades en su funcionamiento que sólo la casuística se encargaría de solucionar. Se optó por conceder un rol mediatizado al presidente del Consejo de Ministros, al cual se le asignó facultades de las que dependía el propio Jefe de Estado a tal punto que sin su autorización éste no podía nombrar ni remover a los ministros. El peso político del primer mandatario quedaba sujeto al de sus colaboradores ya que estaba en capacidad de realizar acto administrativo alguno sin contar con el refrendo ministerial respectivo, caso contrario dicho acto carecía de valor legal. Para vincular los poderes políticos se dispuso que los ministros pudieran ser miembros del Congreso, lo que no excluía que fuesen interpelados y censurados. Circunstancias que nos plantean la preocupación por la separación del poder pues indistintamente se podía proseguir con la línea gubernamental como representante del régimen y luego convertirse en su fiscalizador como miembro del Legislativo.

La novedad se dio con la conformación del llamado Senado Funcional que debía representar la participación de las fuerzas vivas e instituciones sociales. Según Pareja (1944): "Un Parlamento constituido por elementos políticos desconocen las realidades económicas y sociales del país y no facilita la participación de fuerzas vivas y de las instituciones organizadas en el Gobierno de la Nación" (p. 203).

Aunque se mantuvo esta intención, los legisladores decidieron crear un mecanismo transitorio que terminó por ser definitivo. Por otra parte, el Reglamento Interior del Congreso no hizo distinción funcional entre diputados y senadores, razón por lo cual podemos considerar que la institución del Senado funcional o técnico, como tal, no se produjo. En lo referente a los contrapesos entre órganos políticos, el presidente de la República carecía de la facultad de disolver o dilatar el funcionamiento del Congreso.

También se reservó el control constitucional de las leyes, mecanismo que sin embargo fue asignado a los magistrados según el

Título Preliminar del Código Civil de 1936. Circunstancia que plantearía un conflicto de competencia y donde la jurisprudencia se encargaría de buscar una salida al señalar que los jueces sólo podían aplicar dicho control en causas de derecho privado. Por otro lado, la Carta de 1933, aunque mantuvo la clasificación de las garantías en nacionales, sociales e individuales, innovó esta materia al colocar bajo la protección del recurso de Habeas Corpus a los derechos individuales y sociales (artículo 69º). Sin embargo, a diferencia de la Carta anterior que estipulaba, en su versión original, que las garantías no podían ser suspendidas por autoridad alguna, se otorgó discrecionalidad al Ejecutivo para hacerlo cuando fuera necesario por la seguridad del Estado (artículo 70º).

La coyuntura política que exigía el mantenimiento de un orden llevó a los legisladores a establecer la pena de muerte así como los delitos de traición a la patria y mantener el de homicidio, derivándose todos ellos a la regulación legal (artículo 54º) y de igual modo quedaba expedita la instalación de tribunales especiales (artículo 229), lo que nos revela que el Oncenio pese a ser una dictadura fue más cauta en mantener, al menos, los planteamientos jurídico teóricos como la competencia jurisdiccional respecto a civiles y militares dentro del proceso de juzgamiento. Respecto al uso de la propiedad, la Carta fue receptiva al incorporar a dicho concepto la armonía con el interés social (artículo 34º); sin embargo, al mismo tiempo persistió con el espíritu individualista (artículo 31º), según el cual cada propietario tenía la plena disposición de las atribuciones del bien como tal.

La Constitución además conservó el reconocimiento legal de las comunidades de indígenas, estipulando que se les procuraría tierras a aquellas que no tuviesen la extensión suficiente de acuerdo con sus necesidades. Con tal objeto, se expropiarían terrenos de propiedad de particulares (artículos 207º y 211º). Por último, la descentralización también fue abordada bajo la tutela del Consejo Departamental, el que se establecería en los lugares señalados por la ley, retomándose el espíritu y las viejas prácticas de las Cartas anteriores. El clima de inestabilidad político desatado en el año 1932 produjo una serie de irregularidades por parte de la Unión Revolucionaria y del Partido Alianza Popular Revolucionaria Americana con una represión tan violenta que avivó las fricciones existentes tanto en la urbe como en el campo y tuvo su punto final en el asesinato del entonces presidente de la República, general Luis Sánchez Cerro en el hipódromo de Santa Beatriz el 30 de abril de 1933.

Ante el inminente vacío de poder y ante la ausencia de la figura del vicepresidente de la República, la Carta estableció la sucesión del poder reposara en el Consejo de Ministros en conjunto, convocando elecciones en 30 días. Otra alternativa fue que el Congreso designara a un ciudadano para concluya el mandato del malogrado presidente. Fue así que los legisladores ex civilistas y que luego conformaron la agrupación Unión Revolucionaria optaron por el nombramiento del general Oscar R. Benavides Larrea, militar en actividad a quien se le exceptuó de los impedimentos por ser militar en actividad para que asumiera la primera magistratura. El Legislativo, con mayoría del partido de gobierno logró la pervivencia de la ley de emergencia, dada la inestabilidad vigente.

En una oportunidad, con Domingo García Belaunde fuimos miembros del jurado para la admisión de nuevos alumnos de la maestría en Derecho Constitucional de la Pontificia Universidad Católica y me preguntó acerca de los entretelones de la muerte de Sánchez Cerro. Le indiqué que uno de los pasajes previos tuvo que ver con su seguridad, pues ya habían atentado contra él en el distrito de Miraflores y era un hecho que se produciría algo similar al pasar revista en el hipódromo. El emperador de Japón le había obsequiado un chaleco antibalas que para la época era voluminoso y decidió probárselo estando en Palacio de Gobierno. En ese instante -relata Margarita Guerra M.- que andaba por ahí el general Benavides quien al percatarse de la escena le dijo al presidente que sólo los cobardes usaban chaleco y éste tomó su consejo. A lo que García Belaunde añadió un testimonio de parte pues conoció a la viuda de Matías Manzanilla, quien le manifestó que muerto el mandatario, su esposo llegó raudamente a palacio e ingresó, encontrando sentado en el sillón presidencial al general Benavides. Curiosidad política.

La renuncia del gabinete Matías Manzanilla creó el momento propicio para que Benavides adoptase la postura de apaciguamiento y concordia plasmadas en la ley N° 7782, concediendo una amnistía general y el corte de los procesos pendientes de origen político. De esta manera, el régimen se caracterizó por ser personalísimo, mostrando una tolerancia con fuerzas políticas como el APRA y el Partido Comunista, lo que motivó un distanciamiento con los miembros del Congreso de la bancada de la Unión Revolucionaria.

El APRA logró infiltrarse en los altos mandos del ejército bajo la estrategia de que éstos propiciaran el Golpe de Estado que facilitaría el ascenso de Haya de la Torre mediante nuevas elecciones. Hecho que fue descubierto y motivó el endurecimiento en las relaciones entre el régimen y dicha agrupación política. La experiencia del asesinato del presidente Sánchez Cerro motivó la reincorporación de las figuras de las vicepresidencias, que en igual forma y calidad sustituirían al Jefe de Estado, a través de la ley N° 8237 del 1° de abril de 1936.

Los comicios de ese año revelaron la necesidad de buscar alianzas entre los partidos tradicionales que deseaban continuar en la carrera política. De esta manera, apareció el Frente Nacional que agrupó a los Demócratas, Demócratas Reformistas y Liberales, el Partido Civil fue respaldado por los Partidos Nacional Agrario y Nacionalista; y por último el Partido Social Demócrata contó con el apoyo de la Alianza Popular Revolucionaria Americana que auspició a Luis Antonio Eguiguren, como candidato a la jefatura del Ejecutivo. Éste se impuso a los otros contrincantes con los votos del APRA, lo que le produjo la anulación de éstos por el Jurado Nacional de Elecciones.

El Congreso, respaldando dicha medida y bajo la anuencia de su presidente Clemente Revilla, prorrogó el mandato del general Benavides a través de la ley N° 8463. El régimen prosiguió con su política social, pero consideró necesaria la incorporación de medidas de carácter constitucional mediante la consulta popular por plebiscito. La ley N° 8929 recogió la aprobación de aspectos de regulación estatal por dicho mecanismo, que en opinión de Benavides –décadas atrás- había resultado anticonstitucional en manos de Billinghurst.

Las reformas eliminaron el sistema proporcional de representación a las minorías; ampliaron el mandato para diputados y senadores a 6 años, renovándose éste cada dos años por sorteo, señalándose para tal efecto los días 28 de julio de 1941 y 1943. El llamado Senado Funcional, hasta que los gremios fuesen reconocidos, estaría compuesto por la representación departamental. El período presidencial también fue ampliado a seis años, iniciándose el 28 de julio del año en que se llevarían a cabo las elecciones respectivas. Benavides replanteó el cronograma electoral quedando por el momento diferidas las elecciones para presidente de la República y diputados. Los períodos congresales y del Ejecutivo entre 1939 y 1945, excepcionalmente, se iniciarían el 9 de diciembre expirando el 28 de julio de 1945. Los miembros del senado serían elegidos por departamentos renovándose por tercios en las mismas fechas estipuladas para Diputados.

En las vísperas de la renovación de representaciones durante el año de 1939, nuevas condiciones se presentaron para los comicios de ese año: por un lado, la debilidad de los partidos tradicionales, la declaración de ilegalidad de aquellos considerados de izquierda y el desgaste político de la Unión Revolucionaria. Emerge Manuel Prado Ugarteche, quien congregó a industriales, obreros y al régimen ya que era considerado. Su opción se dirigió a la intervención estatal en el área siderúrgica y a la adopción de medidas similares a las emprendidas por Benavides que se destinaron a las grandes mayorías.

·Al año siguiente con la situación de conflicto en Europa y el receso del Congreso, éste otorgó al Ejecutivo mediante la Ley N° 9098 del 9 de mayo de 1940, la facultad de: ... dictar leyes... para la colocación de nuestros productos de exportación" (Planas, 1994, p. 133), quedando obligado éste a dar cuenta a su poderdante en la próxima sesión. A esto se agregó que el ente estatal ingresara a un nuevo sector de la producción con la creación de la planta siderúrgica de Chimbote.

La renovación del poder demandó la convocatoria de elecciones generales donde se impuso José Luis Bustamante y Rivero, quien asumió el poder el 28 de julio de 1945. Considerado autor del manifiesto de Sánchez Cerro durante la sublevación de Arequipa de 1930, encabezó un régimen sin agrupación propia apoyado por independientes y fundamentalmente en el APRA, con la cual no hubo química desde el primer año del mandato. Según la Carta de 1933, el Legislativo era el centro político, lo que condicionó en la práctica el ejercicio de una creciente injerencia contra el gobierno que terminó por establecer la "Dictadura Parlamentaria". Como sabemos, la tradición constitucional peruana asignó al Jefe del Ejecutivo la facultad de organizar su gabinete, práctica que en experiencias anteriores había producido el acercamiento o distanciamiento entre las fuerzas políticas representadas en el ente congresal.

Desde 1945, el presidente quiso conservar para sí los nombramientos de ministros, lo que motivó el uso partidista de los controles sobre el Ejecutivo, como la interpelación y hasta la censura ministerial. Pese a esta situación, el APRA sólo se llegó a censurar al ministro Rómulo Ferrero Rebagliati, en la Cartera de Hacienda. Su exposición propuso una política económica que no satisfizo a los miembros del Senado, lo que ocasionó su renuncia el 3 de octubre de 1945.

En esta coyuntura hallamos también el caso del ministro de Agricultura Enrique Basombrío Echenique, quien fue interpelado por el representante de Chancay Alfredo Saco Miró Quesada, con el objeto de que informase a la Cámara de Diputados sobre el incremento de precios en los productos alimenticios, el control de éstos y las campañas a ejecutarse para evitar el acaparamiento. Preguntado si conocía el precio de los pallares en la ciudad de Ica, demostró lo contrario, lo que no fue causal para que se recurriese al voto de censura, como de manera distorsionada se ha querido sostener:

> "Han caído ministros que han sido censurados en esta misma Sala por no saber el precio de los pallares en el mercado de Ica y esto no es posible admitir en un país que quiere ser serio" (Torres y Torres, 1993, tomo II, p. 1301).

Al día siguiente, dicho ministro presentó su renuncia. Experiencia que nos motiva reflexión pues se gobernaba para el partido y no para el país, salvo que se tuviese carné. La estrategia del colegiado estuvo más bien orientada a hacer valer su liderazgo amparado en la promulgación de normas. Aunque el presidente de la República las pudiese bloquear a través de su observación, el sistema constitucional preveía que el Legislativo tenía la última palabra al promulgarla. Ejemplo de ello fue el tenor de la ley N° 10334 del 29 de diciembre de 1945 que modificó las reformas plebiscitarias del gobierno de Benavides. Entre dicha fecha y 1947, el ente congresal sesionó en diferentes legislaturas con una corta pausa entre una y otra.

En 1948, el Jefe del Ejecutivo inauguró su gabinete conformado por militares con el afán de recuperar el liderazgo político que había reclamado desde el inicio, sólo que para entonces el entorno social se hallaba entre huelgas, acaparamiento de subsistencias y la represión. La derecha buscó el concurso del ministro de Guerra, general Manuel Apolinario Odría Amoretti para que encabezara el Golpe de Estado, mecanismo que le permitió llegar al poder el 27 de octubre del mismo año, desplazando al presidente Constitucional de la República.

Posteriormente este hecho se institucionalizó a través del Decreto Ley N° 10889 (2 de noviembre de 1948) se estableció la Junta Militar de Gobierno y más tarde el Decreto Ley N° 10894 planteó las condiciones para que Odría se presentase como candidato presidencial. La legitimidad era necesaria para continuar en el gobierno le demandó la convocatoria a elecciones en 1950, presentándose para Presidente de la República: el general Ernesto Montagne por la Liga Nacional Democrática y Manuel Odría por el Partido Restaurador. Éste se encargó de apresar a su oponente acusándolo de conspirar con los apristas proscritos, con lo cual al ser candidato único terminó por convertirse en el nuevo presidente Constitucional de la República, logrando mayoría en el Congreso.

En los inicios el Ejecutivo devaluó la moneda en 41%, eliminó los controles de cambio, pero mantuvo el incremento en el gasto público. Aunque el régimen era constitucional permaneció la ley de seguridad interior, que limitaba el ejercicio de los partidos de oposición. Bajo el lema de Salud, Educación y Trabajo se vieron reflejadas en la construcción de hospitales y su equipamiento, la creación del Centro de Asistencia Social, la reforma integral educativa y la creación del Ministerio de Trabajo. La explotación del petróleo llevada a cabo en la plataforma continental en la zona norte del país hizo que el Congreso recogiese la doctrina de las 200 millas, anteriormente propuesta por Bustamante y Rivero en el respectivo Decreto Supremo N° 781 del 1° de agosto de 1947.

El año de 1956 reveló el desgaste propio del régimen evidenciándose una coyuntura electoral con la aparición de nuevas fuerzas políticas: la Democracia Cristiana que respaldó a Hernando de Lavalle, el Frente de Juventudes Democráticas con Fernando Belaúnde Terry y el Movimiento Democrático Pradista (denominado luego Peruano), cuyo candidato era Manuel Prado Ugarteche. La oferta pradista de derogar la Ley N° 11049 Ley de Seguridad Interior de la República a cambio del apoyo electoral aprista contribuyó a establecer las condiciones necesarias para enfrentar los comicios en mejores términos (García Belaunde, 1979, 85). El APRA pactó con Prado y con ello se dieron los pasos para la llamada etapa de la Convivencia (1956-1962).

Es importante destacar la incorporación de la mujer en las labores políticas. La ley N° 12391 modificó el artículo 84° de la Carta de 1933 que señalaba originalmente que la ciudadanía sólo recaía en los varones mayores de edad, los casados a los 18 años o los emancipados. La concesión del derecho de sufragio a la mujer en 1955 no sólo amplió la base electoral sino desde entonces permitió la posibilidad que llegasen a ocupar las curules en el Legislativo. De esta manera, fue posible la aparición de 9 legisladoras en el Congreso:

> En la Cámara de Diputados: Manuela Billinghurst López y Matilde Pérez Palacio, por Lima; Alicia Blanco Montesinos de Salinas y María Eleonora Silva Silva, por Junín; Lola Blanco de la Rosa Sánchez por Ancash, María de Colina de Gotuzzo por La Libertad, Carlota Ramos de Santolaya por Piura, Juana M. Ubilluz de Palacios por Loreto e Inés Silva de Santolalla como Senadora por el departamento de Cajamarca (Congreso, 2000, pp. 489-494).

V. CONSTITUCIONALISMO FORMAL Y LA CONVIVENCIA (1956-1962)

Tras escrutar los resultados electorales, se determinó que los votos apristas decidieron el retorno de Manuel Prado Ugarteche a la Presidencia de la República y éste, una vez en el gobierno, trató de conservar un perfil acorde a las diferentes tiendas políticas, cumpliendo, por ejemplo, con una de ellas, el APRA, al devolverle a la legalidad.

Los resultados de las elecciones mostraron también la aparición de un nuevo líder político, el exdiputado por Lima, Fernando Belaúnde Terry, quien quedó segundo en los comicios. El Congreso de este período estuvo formado en su mayoría por los miembros del Movimiento Democrático Peruano y del APRA.

La decisión de Haya de la Torre de sostener con lealtad a Prado se probó al no formular los apristas ningún voto de censura durante su segundo gobierno. Sin embargo, las fisuras para el partido aprista fueron inevitables tras el contraste deshonroso de tener un origen anti oligárquico, recogido en su Programa Mínimo del célebre Discurso de Acho, para finalmente convivir con la oligarquía.

La crisis agrícola debido a la sequía demandó un nuevo orden en las finanzas. Pese a las críticas provenientes de un sector de la derecha descontento con la presencia aprista, Manuel Prado invitó a Pedro Beltrán, conocido liberal peruano, para que fuese ministro de Hacienda. Beltrán se encargó de sanear las arcas fiscales sin poder oponerse al planteamiento del régimen, que decidió continuar su estrategia de intervención en la economía basada en la tesis de la Comisión Económica para América Latina (CEPAL):

> "...es indudable que la planificación coactiva haría al Perú el peor daño que se pueda imaginar. Llevaría rápidamente a la inflación, al derrumbe de la moneda, al encarecimiento de la vida, a la desocupación de miles de trabajadores, al descenso de la renta nacional y del ingreso por persona, a la fuga de capitales, a la generalización de la miseria y a la formación de una camarilla corrupta que, en nombre del Estado, sería dueña del país" (Barrenechea, 1998, p. 15)

Bajo el liderazgo de Prado, se expidió la Ley N° 13270 Ley de Promoción Industrial (30 de noviembre de 1959) otorgando incentivos al sector privado para dinamizar la actividad manufacturera nacional que aún dependía de las importaciones. Tres años después, a nivel del Estado se creó el Instituto Nacional de Planificación (INAP) con el fin de establecer las prioridades de desarrollo a corto, mediano y largo plazo, hecho que no fue secundado por los futuros gobiernos.

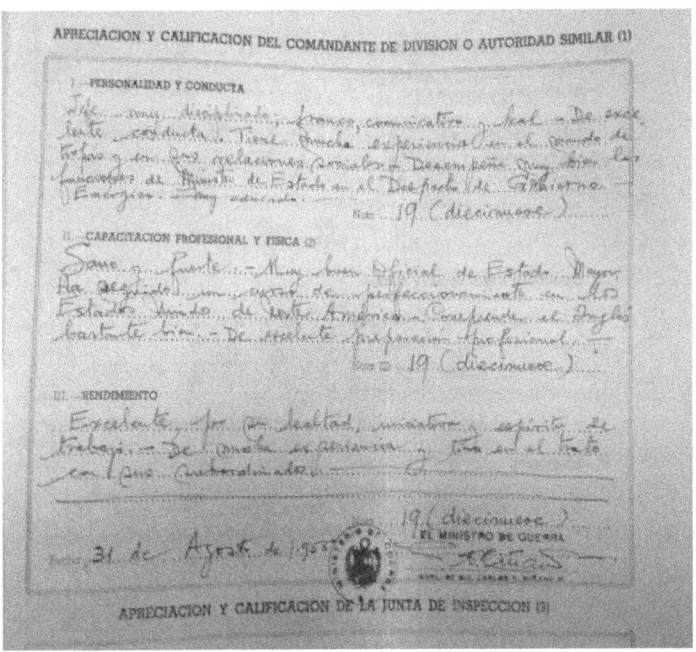

Obtuvo 19 (diecinueve). Calificación del exministro luego de dejar su despacho (Ministerio de Guerra. Lima, 31 de agosto de 1955)

A nivel de derechos, el Congreso aprobó por Resolución Legislativa N° 13282 del 15 de diciembre de 1959 que incorporaba la Declaración Universal de los Derechos Humanos de 1948 a nuestro ordenamiento. En cuanto a las necesidades de vivienda y el acceso a la tierra, aspecto inconcluso de los regímenes anteriores, el presidente Prado trató de responder a dicho problema a través de la creación de la Comisión para la Reforma Agraria y la Vivienda presidida por Pedro Beltrán. Ésta concluyó con la recomendación del uso de las tierras en la zona de la selva, así como la anulación del control sobre los precios de los productos alimenticios.

Respecto a la vivienda, se consideró la desaparición de controles al pago por arrendamiento para los inmuebles de propiedad de particulares, pero al mismo tiempo propuso la necesidad de que el Estado dirigiese su acción a la construcción de viviendas.

El acercamiento entre el APRA y Manuel Prado durante el mandato había hecho prever que sería un hecho el apoyo del oficialismo a la candidatura de Haya de la Torre para la Presidencia de la República. Sin embargo, la contienda electoral de 1962 también mostró la alternativa reformista encarnada en el arquitecto Fernando Belaúnde Terry, que para entonces había consolidado su fuerza partidaria con una línea más pragmática que ideológica, resumiéndose en su célebre frase "El Perú como doctrina", y gozaba de la simpatía de la clase media e incluso del ejército. Desde el 26 de mayo de 1962 las Fuerzas Armadas señalaron la presencia de varias irregularidades en los comicios de ese año, destacando la adulteración de los padrones para el sufragio, la doble expedición de libretas electorales a apristas y pradistas, la existencia de un número de votos mayor que el de los votantes y la injerencia de las autoridades políticas a favor de un determinado candidato en 10 departamentos (El Comercio, 28 de junio de 1962).

Las pruebas fueron presentadas ante el Jurado Nacional de Elecciones que las desestimó por tratarse de informes. Aunque el proceso electoral dio por ganador a Víctor Raúl Haya de la Torre por apenas 13 mil votos (Manrique 2009: p. 232), éste no llegó a superar el 33.33% requerido constitucionalmente para ser proclamado como primer mandatario. En ese supuesto, de acuerdo al artículo 138° de la Constitución de 1933, la elección definitiva quedaba facultada al Congreso, a la sazón, de mayoría perteneciente a la Convivencia prado-aprista ahora bajo el nombre Alianza Democrática. Ello determinó que el órgano castrense reiterase su cuestionamiento a dicho proceso demandando al ente electoral su anulación, pero éste se rehusó. Esta coyuntura concluyó con el golpe de Estado el 17 de Julio de 1962, detrás del cual se hallaba el veto impuesto al líder aprista debido a los sucesos ocurridos en Trujillo en 1932. El Presidente Manuel Prado fue depuesto y se declaró en receso al Poder Legislativo.

A diferencia de otras irrupciones organizadas, la Junta Militar de Gobierno de 1962 fue de carácter institucional, contando con la participación de los diferentes cuerpos castrenses, presidida por los generales del ejército primero Ricardo Pérez Godoy y luego Nicolás Lindley, el vicealmirante de la marina de guerra Juan Francisco Torres Matos y el mayor general de la fuerza aérea Pedro Vargas Prada Peirano. En los ambientes de las cámaras legislativas sesionaron las comisiones encargadas de redactar el anteproyecto de Estatuto Electoral: la comisión de Planificación en Senadores así como la Junta Permanente de Comunicaciones en Diputados.

A ellas se sumó el trabajo que realizó el Servicio Nacional de Inteligencia que hizo un diagnóstico sobre las causas que provocaban los conflictos en la sierra sur y en general el malestar social en los andes del Perú. Vale destacar que el contexto continental está marcado por la triunfante revolución cubana 3 años antes (1959) y la proyección insurreccional que en ella encuentran los sectores populares explotados y los sectores medios radicalizados de Latinoamérica frente a las oligarquías nacionales y su subordinación geopolítica a los Estados Unidos. Así, las medidas integrales del diagnóstico militar demandaron que la Junta gobernante recomendase a los partidos que colocaran en sus planes de gobierno la manera cómo se llevaría a cabo la Reforma Agraria.

CAPÍTULO CINCO

Los gobiernos de facto y la construcción de la nueva democracia

I. EL ESTATUTO ELECTORAL DE 1962 Y EL RETORNO A LA DEMOCRACIA FORMAL 1963-1968

Para la convocatoria a elecciones generales, la junta militar promulgó el Estatuto Electoral (Decreto Ley N° 14250) donde estipuló que las representaciones en la Cámara de Diputados se reducían de 182 a 145 curules (Echegaray, 1965, p. 944), introduciéndose las bases de la llamada cifra repartidora o método D'Hont, dentro de una nueva organización electoral que remarcó la independencia del ente correspondiente. Las fuerzas políticas quedaban resumidas en la Coalición APRA-UNO (apristas y Unión Nacional de Odriístas), denominada también la Super-convivencia, que contaba con mayoría en el Congreso, y la Alianza AP-DC (Acción Popular y Democracia Cristiana), que llegaba a ocupar el Ejecutivo.

De esta manera el gobierno quedaba liderado por Fernando Belaunde Terry como presidente de la República, acompañado de Edgardo Seoane Corrales y de Mario Polar Ugarteche, primer y segundo vicepresidentes de la República. La expectativa era muy grande por los cambios estructurales que debían llevarse a cabo, desplazando el dominio oligárquico presente tras la independencia. Los campesinos, las organizaciones sindicales, los líderes estudiantiles y la clase media aguardaron los denominados "100 días" para ver si el régimen de Belaunde enfrentaba los aspectos cuya solución seguía postergada desde mandatos anteriores: la estatización de la International Petroleum Company (IPC) que explotaba el petróleo en Talara, la Reforma Agraria para acabar con los latifundios y las servidumbres, la descentralización del Estado, las obras de vivienda popular, el apoyo a la industria nacional, la reforma tributaria y la redistribución regional de los ingresos fiscales.

Aunque Estados Unidos castigó al nuevo régimen con el congelamiento de los préstamos internacionales por la pretendida medida intervencionista contra la IPC; sin embargo, entre 1962 y 1965 se contó con el apoyo de la Agencia Central de Inteligencia norteamericana (CIA)

para la derrota de las acciones guerrilleras del Ejército de Liberación Nacional (ELN) encabezadas por Héctor Béjar, Javier Heraud y Juan Pablo Chang, por las Fuerzas Armadas peruanas

Respecto a la Reforma Agraria, ésta se fue dando de forma experimental en aquellas zonas convulsionadas ubicadas al sureste del país, como La Convención o Paucartambo en Cusco donde la recuperación de tierras por el campesinado indígena liderado por Hugo Blanco o Saturnino Huillca, entre muchos otros, obligó al gobierno en 1963 a una primera acción reformista. La Reforma Agraria para entonces ya figuraba en debates políticos como "una solución para modernizar el agro peruano y aliviar la miseria de los campesinos andinos" (Contreras y Cueto 2000: p. 298). Más tarde, la Ley N° 15037 sentó las bases para una aplicación en el ámbito nacional, donde previa evaluación, el Estado expropiaba las tierras de particulares para adjudicarlas a los campesinos. El primer procedimiento de expropiación de un latifundio por causa de Reforma Agraria en la historia del Perú no había terminado incluso después de transcurridos cinco años de promulgada la ley.

En la práctica, estas tierras terminaban siendo las excedentes o aquellas no utilizadas, con lo que la adopción de medidas tímidas no hizo desaparecer el latifundio consolidado desde inicios del siglo XX. Obtener una mayor reforma vía el Legislativo resultaba difícil si la representación mayoritaria era opositora, teniendo entre sus filas a latifundistas como Julio de la Piedra del Castillo.

Existía, además, una contradicción en la Constitución, entre el artículo 34° que planteaba el uso de los bienes en armonía con el interés social mientras que el 31° recogía el espíritu individualista con el cual cada propietario tenía la plena disposición de las atribuciones del bien como tal, dejándose de lado la concordancia con el interés social postulado por el Papa León XIII en la Encíclica Rerum Novarum.

La oligarquía cuestionó la reforma agraria del régimen argumentando el carácter inviolable de la propiedad, pero sobre todo rechazando el pago diferido en armadas anuales de redención, ya que el fisco no contaba con los recursos necesarios para el pago inmediato. En ese sentido, las Fuerzas Armadas percibieron que el mecanismo de reformas carecía de una eficacia constitucional que las llevase adelante y que este vacío podía ser aprovechado por los líderes de aquellas zonas convulsionadas, derrotados años atrás.

A su vez, la debilidad presidencial para imponer la Reforma Agraria frente a la oligarquía rebasó la tolerancia social anidando las condiciones para relanzar la guerra de guerrillas en 1965 a cargo del Movimiento de Izquierda Revolucionaria (MIR), liderado por Luis Felipe De la Puente Uceda, y el ELN en Perú, sin embargo, el gobierno peruano, asesorado por la CIA infiltrada en la dirección del MIR, como sostiene el historiador Nelson Manrique Gálvez (2013) los bombardearía hasta aplastarlos militarmente.

El régimen de Belaunde consideró que la represión militar no era gravitante, error que fue aprovechado por el APRA para reforzar su liderazgo establecido en el Legislativo a través de votos de censura. La Alianza AP-DC recurrió a la formación de gabinetes con la presencia de parlamentarios, práctica ensayada años atrás, para evitar la censura de la mayoría opositora. El Congreso liderado por la Coalición APRA-UNO se encargó de detener la discusión sobre las iniciativas provenientes del gobierno, ya sea postergándolas, introduciéndoles alteraciones importantes en las propuestas o encarpetándolas.

A diferencia de la experiencia de 1945 donde tanto el Gobierno como el Congreso pertenecían al Frente Nacional Democrático, a partir de lo cual se produjo un distanciamiento entre los miembros de la misma fuerza política, la correlación de fuerzas en 1963 mostraba la presencia de dos fuerzas antagónicas. Cada una quiso hacer prevalecer su liderazgo político: un ejemplo de ello se halla en la convocatoria a legislatura extraordinaria que sesionó durante siete meses. Un balance de la medición de fuerzas nos revela como la Alianza AP-DC se vio obligada a formar seis gabinetes ministeriales allí donde las censuras se dirigieron a ministros en forma individual.

Aunque esta disputa de poder llegó a detener la aplicación de las reformas que ya habían encontrado escollos desde los inicios, no persuadió al presidente de la República para convocar al pueblo a que doblegase electoralmente el impasse del sistema. Tanto el APRA como la izquierda se vieron beneficiados en esta coyuntura porque las atribuciones constitucionales (artículo 123º inciso 5 de la Carta de 1933) proporcionaban a los miembros del Legislativo la posibilidad de introducir gastos con carácter partidista en referencia a los problemas más cercanos al poblador, con lo cual demostraban la eficacia y rapidez de su labor, hecho que no excluía que destacase el carácter partidista de los mismos. Asimismo, la imposibilidad del reformismo llevó a militantes de Acción

Popular a renunciar para crear o inscribirse en tiendas políticas de izquierdas.

. La Alianza gracias a sus simpatizantes en la capital logró la alcaldía en Lima con Luis Bedoya Reyes (1964-1970). Sin embargo, la gobernabilidad accidentada de Belaunde se dejó sentir con la presencia de la crisis económica, que ya en 1965 había sido reflejo del estancamiento de las exportaciones, incremento en las importaciones, el aumento en el gasto público generado por la aplicación de las reformas y la reducción de los recursos fiscales.

Los ministros inmolados ante la censura parlamentaria.
BNP. Hemeroteca, Caretas N° 320, 26 octubre - 5 noviembre 1965, p. 69

La presión estadounidense condenó al régimen del presidente Belaúnde a concertar préstamos con entidades privadas. Su gestión se vio castigada por el electorado, el 13 de noviembre de 1966 con los comicios complementarios para los legisladores cuando la Coalición obtuvo mayores votos que la Alianza, siendo aquellos emitidos en las provincias. Aquí el manejo de la política económica fue la ocasión para continuar con la censura ministerial mientras que el Ejecutivo no tomase en cuenta a los miembros de la Coalición como sus futuros ministros.

Las propuestas de Pedro Beltrán para reducir el gasto del Tesoro Público consistentes en dar por concluido el subsidio a la industria y devaluar la moneda, no fueron tomadas en cuenta hasta que en 1967 el régimen se vio obligado a hacerlas priorizando la devaluación. Al año siguiente, el desgaste había sido tal que el mandatario tuvo que concertar la formación de su nuevo gabinete con independientes simpatizantes del APRA, dando nacimiento al llamado "Gabinete Conversado" bajo la dirección de Oswaldo Hercelles García. Este hecho motivó el alejamiento de la Democracia Cristiana de la Alianza. Políticamente esta fue la ocasión para constituir una plataforma que permitiría al APRA llegar al poder en los comicios de 1969. Bajo la autorización de medidas extraordinarias, el gobierno expidió en dos meses medidas consideradas populistas vía Decreto Supremo 287-68/HC: disminuyó el gasto del Estado, refinanció su deuda internacional, reformuló el sistema tributario con los impuestos directos e indirectos, satisfizo las demandas salariales y acentuó la participación estatal en la economía, reflejada en sus 29 empresas que formaban parte de la Actividad Empresarial del Estado.

Sin embargo, el tema álgido aún era el relacionado con la estatización de la IPC, un enclave estadounidense en territorio peruano. Repentinamente en el mensaje a la Nación de dicho año, el primer mandatario anunciaba la solución del litigio de La Brea y Pariñas "sin que el Estado tuviera que pagar por el suelo, ni el subsuelo, ni por las instalaciones" (Guerra Martinière, 1994, Tomo IX, p. 52).

La compañía norteamericana permaneció aún con la refinería de Talara, gozando del monopolio de la gasolina, a lo que se añadió la entrega de un millón de hectáreas en la selva. Los detalles de la negociación quedaron estipulados en la llamada Acta de Talara, que en su página 11 señaló el precio de la venta del crudo de la Empresa Petrolera Fiscal a la petrolera estadounidense.

La desaparición de dicha página motivó la renuncia del presidente de directorio de esta entidad, quien luego en una exposición televisada hizo pública la pérdida en mención, generando el escándalo político (Pease, 1974, p. 11), preámbulo de la interrupción del mandato presidencial.

Los meses siguientes agravaron la situación con la aparición de manifestaciones de corrupción, el ingreso de contrabando por miembros de las Fuerzas Armadas y el alejamiento de militantes del partido oficial, entre los cuales se hallaba Edgardo Seoane Corrales, primer Vicepresidente de la República quien decidió crear Acción Popular Socialista (también conocida como Seoanista) con Gustavo Mohme Llona: El Partido queda dividido en dos que en la práctica se le identificaba más con los personajes que con la doctrina: ...justificando la ruptura de su Partido, el Presidente afirma que los nombres de Acción Popular y Belaúnde son sinónimos (Pease, 1974, p. 14).

La situación de crisis creó las condiciones para la irrupción de las Fuerzas Armadas, la misma que se dio el 3 de octubre de 1968 con el general Juan Francisco Velasco Alvarado, entonces presidente del Comando Conjunto de las Fuerzas Armadas. Esta ruptura inconstitucional puso de manifiesto las contradicciones que se habían generado al interior del Estado, la pugna entre sus órganos políticos, pero además la falta de respuesta a las expectativas populares que habían fijado sus esperanzas en las medidas reformistas. Era necesario reordenar el aspecto constitucional con la consecuente distribución de las atribuciones del Ejecutivo y del Legislativo bajo la idea de lograr un balance de fuerzas, cuyo beneficio redundase en el país y evitando soluciones que a modo de paliativos sólo respondiesen a intereses electoreros.

II. LAS REFORMAS ESTATALES DEL GOBIERNO REVOLUCIONARIO DE LAS FUERZAS ARMADAS (GRFA) Y LA CONSTITUCIÓN DE 1979

Tras el golpe de Estado, el Gobierno Revolucionario de las Fuerzas Armadas hizo surgir muchas expectativas tanto sobre su actuación como sobre su permanencia. La oligarquía lo imaginó como el inicio de un año parecido al de la Junta Militar de 1962. No obstante, la intervención militar realizada seis días después sobre las instalaciones petrolíferas de Talara, controlada entonces por la International Petroleum Company propiedad de la multimillonaria familia estadounidense Rockefeller, otorgaron al régimen simpatías por el nacionalismo desplegado y un apoyo popular sin precedente. Aunque desde el inicio se señaló que la expropiación efectuada no tendría una contraprestación, seis años después el secreto Acuerdo De la Flor - Greene mostró que el Estado peruano pagaría 76 millones de dólares. En 1969, el gobierno militar presidido por el general Velasco Alvarado crea la empresa estatal Petróleos del Perú más conocida como Petroperú para operar la industria petrolera con personal propio y para abastecer la demanda nacional de combustibles.

La intervención gubernamental sobre el petróleo y más adelante sobre la tierra, se circunscribe en la función social del Estado como una respuesta histórica al devenir empírico republicano del Perú, según el historiador Jorge Basadre. La propuesta del régimen se expresaba en una economía planificada, recogida en las Bases Ideológicas de la Revolución Peruana, que:

> "...llevará a promover el rol de la propiedad estatal en beneficio de toda la comunidad nacional dentro de la nueva organización del Estado Participatorio" (GRFA, 1975, p. 11).

Esta participación, que ya provenía en pequeño grado de los gobiernos anteriores, logró que el Estado intervenga progresivamente en la actividad económica mediante las empresas públicas, las mismas que se sobredimensionarían en los doce años que duraría el régimen militar. Hasta antes del Gobierno Revolucionario eran 29 y tras él llegaron a alcanzar a 192 registradas, considerando a algunas de ellas como estratégicas: telefonía, electricidad, agua, armamento militar, etc., razón por lo cual eran invendibles. Esta situación cambiará veinticinco años después (1993) cuando se reelaborará la noción de empresa estratégica y se someterán las empresas públicas a la lógica de mercado privatizándolas.

La siguiente medida del gobierno se dirigió al tema de la tierra, cuyas grandes extensiones eran propiedad de la oligarquía, dando lugar a la definitiva reforma agraria (Decreto Ley N° 17716 Ley de Reforma Agraria) que sustituyó a sus similares provenientes desde el gobierno de Prado. Con ella se ponía fin no sólo a los latifundios o grandes extensiones de tierras en pocas manos sino también a la servidumbre o trabajo gratuito asociado a la explotación de los campesinos por los hacendados o gamonales.

La reforma agraria nace con la acción colectiva del campesinado indígena en el valle de La Convención en Cusco y logra convertirse en una exigencia indetenible de justicia social que atraviesa el país. Las Fuerzas Armadas decepcionadas de Belaunde y ante la posibilidad de una salida revolucionaria como la cubana en Perú deciden ejecutar medidas anti oligárquicas, nacionalistas e incluso antiimperialistas. La reforma agraria quedó graficada en una frase histórica pronunciada por el general Velasco: "Campesino, el patrón ya no comerá más tu pobreza". Esta medida desplazó la propiedad individual para priorizar la propiedad de los trabajadores en conjunto, bajo el régimen de las Cooperativas Agrarias de Producción (CAPS) y las Sociedades Agrícolas de Interés Social (SAIS).

Sin embargo, la implementación vertical de dicha concepción de reforma agraria no satisfizo al campesinado indígena movilizado porque, según Hugo Blanco "(...) en la práctica los únicos beneficiarios eran los burócratas puestos desde arriba por el gobierno (vía) un sistema de cooperativismo burocrático importado (sin considerar) la tradición comunal democrática de nuestro milenario ayllu". Este desencuentro, junto a otras razones, debilitó la administración de estas entidades sin poder mantener la producción nacional de azúcar y algodón obligando al Estado a un permanente subsidio hasta los años noventa. Aunque se presentaron recursos de Habeas Corpus en defensa de la propiedad, no procedieron porque el sistema jurídico de aquel entonces no preveía el control de la ley por parte del Poder Judicial.

La sociedad peruana antes y después del golpe de Estado de las Fuerzas Armadas encabezadas por Velasco logra grados inéditos de movilización social al punto que se crean masivamente sindicatos obreros y profesionales, federaciones campesinas, organizaciones estudiantiles, gremios empresariales, partidos revolucionarios, entre otros. Perú vive, casi 150 años después, un cambio de época que debió darse con su independencia. La iglesia católica también se ve forzada a cambiar vía una nueva teología, la Teología de la Liberación y la opción preferencial por los pobres, donde el peruano Gustavo Gutiérrez Merino es su máximo exponente nacional desde 1971.

Aparte de las reformas emprendidas, se complementó con otras referidas al ámbito cultural que nuevamente eran impuestas. De esta manera los asesores de los militares promovieron la Ley de Comunidades Nativas y de Promoción Agropecuaria de Regiones de Selva y Ceja de Selva, del 24 de junio de 1974, que puso en práctica la antropología jurídica de la época. La solución de controversias, por mínima cuantía o faltas, fue adjudicada en primer lugar a las propias comunidades, cuya resolución era con el carácter de cosa juzgada. Como señala Gálvez Revollar:

> "… las presiones ejercidas por los propios indígenas animados por los vicariatos amazónicos imbuidos algunos por el accionar del Concilio Vaticano II y el entusiasmo de científicos sociales, trabajando para el estado, sensibilizados por la declaración de la "liberación del indígena de la Declaración de Barbados, 1971" (2001, p. 285).

A ello se suma, el establecimiento del quechua como idioma oficial, el 27 de mayo de 1975 (Decreto Ley N° 21156) para reivindicar al mayor pueblo originario de Perú postergado históricamente, no obstante, hubo dificultad en su implementación pues era un idioma ágrafo y se diferenciaba según las regiones, por ejemplificar, Cajamarca, Huaraz,

Ayacucho y Cusco. Por esta razón fue necesaria la presencia de expertos para unificar el idioma, hecho que se vio complementado con la aplicación de la ley de telecomunicaciones y sus similares que permitieron a las señales radio y televisión noticieros bilingües. Acciones que denotaban innovaciones en el cambio del pluralismo social y jurídico pero que en la mente de los legisladores de 1978 no encontrarían eco, tal vez por haber sido producidas por el Gobierno Revolucionario.

Otra reforma estuvo dirigida a afectar la propiedad para pasar de una concepción privada a una participativa entre trabajadores, empleadores y accionistas. A partir de ésta se hablaría de la intervención de los trabajadores en la copropiedad y cogestión de las empresas industriales conformando así comunidades industriales. Basados en la Carta Encíclica Rerum Novarum "Sobre la situación de los obreros" del católico papa León XIII se reconocía al obrero no sólo su trabajo a través del pago sino también su permanencia que se traducía en continuidad. Así aparecen las acciones laborales por los años de servicio, hecho que además permitiría la presencia de los trabajadores en el directorio de la empresa. Esta medida se vio complementada con la incorporación de las Empresas de Propiedad Social (Decreto Ley N° 20598) y con un nuevo tipo de organización de persona jurídica: ...constituidas dentro del principio de solidaridad, con el objeto de realizar actividades económicas" (artículo 1°). Así nacía el Derecho Social con una interpretación teleológica que apostaba por redituar en favor del individuo en concordancia con la sociedad. Autores como Luis Bustamante Belaunde, Fernando de Trazegnies Granda, Jorge Avendaño Valdez y el joven Carlos Blancas Bustamante apostaron por este nuevo diseño del Derecho.

La marcha de la revolución militar se vio afectada por la recesión económica debido a los costos de las reformas, por la salud del Jefe de Estado que ya contaba con la amputación de una pierna y finalmente por un altercado entre los altos mandos castrenses, como son el Director de la Guardia Civil y el Jefe de la Casa Militar, que desencadenó la huelga de policías del 5 de Febrero de 1975, concluyendo en la decisión de los comandantes generales de cada instituto de designar al general Francisco Morales Bermúdez Cerrutti, nieto del presidente Remigio Morales Bermúdez, como nuevo presidente de la República, el 29 de agosto de dicho año. El nuevo régimen inauguraba la segunda fase, de tendencia de derecha.

En esta nueva fase se produjo la reorientación de las reformas, eliminando las existentes sin generar sus reemplazos, por ejemplo, se desarticuló al Sistema Nacional de Movilización Social (SINAMOS), cuya partida presupuestal alcanzaba a la de guerra. La II fase tomó distancia de sectores de izquierda y propuso un acercamiento a la civilidad, como se señaló en el Plan Túpac Amaru. Fue así como el 28 de Julio de 1977, el presidente de la República convocó a Elecciones para la Asamblea Constituyente, la cual:

> "... tendrá como exclusiva finalidad la dación de la nueva Constitución Política del Estado, la que contendrá esencialmente entre otras, las disposiciones que institucionalicen las transformaciones estructurales que viene llevando a cabo el gobierno Revolucionario de la Fuerza Armada". (Decreto Ley N.º 21949, artículo 2°).

Esta medida no fue ajena al impacto de la huelga general que paralizó el país demandando el retorno a la democracia. La necesidad de una nueva Carta demandó al presidente a realizar reuniones previas con los líderes de los partidos políticos con mayor membresía. La experiencia del gobierno militar con la participación de asesores de diferentes disciplinas motivaría cambios en la nueva estructura estatal por confeccionarse, como por ejemplo las implicancias del presunto Derecho Social, que, si bien desaparecería, haría que sus dimensiones fuesen direccionadas a materias jurídicas de naturaleza constitucional, civil, penal, procesal y administrativa.

A ello se sumó los derechos humanos resumidos en la dignidad del ser humano, la teoría pura del Derecho de Kelsen expuesta en 1948 por Jorge Patrón Yrigoyen, la tradición constitucional peruana y además la influencia constitucional española consignada en el anteproyecto de Constitución de 1978 de España cuyo ejemplar entregaría meses después el rey Juan Carlos I al presidente de la Asamblea Constituyente, Víctor Raúl Haya de la Torre.

Paralelamente a la convocatoria, el gobierno decidió disminuir la mayoría de edad hasta los 18 años para los nuevos ciudadanos, conservando el requisito de ser letrados para ambos sexos así como el registro ante el Jurado Nacional de Elecciones. (Decreto Ley N° 21994, del 15 de noviembre de 1977). De esta manera, la población electoral de sufragantes fue 4'966,016 según el JNE, que votaron 4'173,561 (84.05%), considerando los votos válidos cuyo número fue 3'511,895 (84.16%)

El Partido Aprista Peruano ganó las elecciones alcanzando 1'241,174 votos (35.39% de votos válidos), seguido por el Partido Popular Cristiano con 835,294 votos (23.78%) y por el Frente Obrero Campesino Estudiantil y Popular con 433,413 (12.34%), entre muchas otras agrupaciones políticas de izquierda.

Por otro lado, se impuso el voto preferencial, permitiendo no sólo elegir al partido político sino al candidato ideal: se rompía así la tradición por la cual sólo se beneficiaban los primeros números de cada lista. Esta opción reemplazó a las designaciones de cada agrupación política carente de elecciones primarias donde la alta dirigencia partidaria era la que finalmente tomaba la decisión al momento de confeccionar las listas. Esta modalidad de voto generó la desconfianza en cierta fuerza política:

"...argumentando que la dictadura militar quería dividir el voto de dicha agrupación partidaria y con ello evitar que su líder Víctor Raúl Haya de la Torre obtuviera la mayor votación". (ONPE-CIE, 2005, p. 12)

Esta modalidad hizo que el candidato más votado del partido más votado fuese el nuevo presidente del Poder Legislativo, creando una tradición que desde entonces ha reflejado la simpatía del electorado. Este colegiado estuvo conformado por cien constituyentes, que alternaban a los políticos de la Vieja Guardia como Víctor Raúl Haya de la Torre, Luis Bedoya Reyes, Genaro Ledesma Izquieta, Roberto Ramírez del Villar, Luis Alberto Sánchez, Hugo Blanco Galdós, César Vizcarra Vargas (padre del actual presidente Martín Vizcarra) con los de la nueva hornada como Alan García Pérez, Xavier Barrón Cebreros, Enrique Chirinos Soto, etcétera.

Se les concedió el plazo de un año para la redacción y aprobación de la nueva Carta que concluiría el 12 de Julio de 1979, quedando su promulgación al nuevo gobierno que saliese elegido de los siguientes comicios. El presidente de la Asamblea tenía bien en claro el procedimiento:

"Nuestra Constitución debe emanciparse de las imitaciones y copias, sin desdeñar el legado universal de la ciencia política. Necesitamos una Constitución concisa y pragmática, que se centre en torno al hombre y a los derechos humanos y forje un Estado nuevo para sociedad mejor" (PERÚ 1989, p. 17)

Paralelo a ello, el gobierno militar, en nombre del Estado peruano, suscribió la Convención Americana de Derechos Humanos (Pacto de San José) el 28 de Julio de 1978 (Decreto Ley N° 22231) con lo cual el Perú se adscribía al organismo supranacional de carácter obligatorio tanto en la protección como en la defensa de los Derechos Humanos.

III. EL NEOCONSTITUCIONALISMO: EL PACTO DE SAN JOSÉ Y LA NUEVA VISIÓN DE LOS DERECHOS FUNDAMENTALES

Al modelo constitucional de los derechos expresos, proveniente de formación francesa y desde el siglo XIX, se agregaban aquellos que provenían por interpretación de la Judicatura conocidos como los no expresos o innominados. Ello debido a que el Pacto de San José no sólo conjugó la tradición jurídica del modelo romano-germánico propio de los países de habla hispana sino también la del modelo anglosajón propio de países como Estados Unidos, Canadá, Belice, Bahamas, Barbados, Jamaica y Guyana y la del modelo lusitano propio de países como Brasil, todo ello en la comprensión de que el derecho es un producto cultural y alberga diferentes mecanismos que regulan la vida social. El sistema peruano, por ejemplo, incorporó las garantías constitucionales o mecanismos protectores, como habeas corpus (Constitución 1920), acción popular (Carta de 1823) o acción de amparo, dentro de un modelo que establecía de forma progresiva la llamada Justicia Constitucional.

El momento era propicio para establecer un nuevo Estado de Derecho, que, aunque incipiente, postulaba la defensa irrestricta de los derechos fundamentales cuyos enunciados provenían de tratados y declaraciones internacionales, mayormente de las Naciones Unidas, y serían incorporados en la redacción de la Constitución, la cual iba asumiendo desde entonces su jerarquía como norma suprema jurídica y política.

También debemos indicar que no existió entre los constituyentes una única valoración de los instrumentos internacionales en defensa de derechos, como corroboramos del acta de debates de la 26° Sesión de la Comisión de Constitución y Reglamento, del 13 de marzo de 1979, cuando se discutió si la Declaración de Naciones Unidas era o no fuente del Derecho, ello motivado por la opinión del legislador Mario Polar que sostuvo que más allá del documento se debía proteger las facultades consustanciales de la persona:

"Entre los derechos humanos figuran los derechos naturales, inalienables, que significan metas políticas comunes para todos los partidos, aspiraciones que no se van a hacer en un día para otro, sino en forma progresiva y por eso hay una disposición expresa en las Disposiciones Generales. Entonces si esta declaración expresa un conjunto de aspiraciones, no sé por qué no vamos a mencionarlas ahí. Son metas que nos estamos fijando para la acción política futura" (Comisión Principal de Constitución de la Asamblea Constituyente, 1978-79: Tomo IV, p. 423).

El interés de los legisladores por proteger al individuo de cualquier medida arbitraria o usurpadora llevó a Enrique Chirinos Soto a proponer el siguiente enunciado:

> "La enumeración de los derechos reconocidos en este capítulo no excluye los demás que la Constitución garantiza, ni otros de naturaleza análoga o que derivan de la dignidad del hombre, del principio de soberanía del pueblo, del estado democrático de derecho y de la forma republicana de gobierno" (Comisión Principal de Constitución de la Asamblea Constituyente, 1978-79: Tomo V, p. 313).

Otro elemento que sentó precedente fue, a iniciativa de Javier Valle Riestra González Olaechea, el establecimiento del Tribunal de Garantías Constitucionales siguiendo el modelo español con la misión de garantizar el desarrollo normativo del país al compás de la Constitución. Con esta iniciativa se buscaba que este Tribunal fuese el único ente que podía actuar como legislador negativo, es decir, retirando una norma del sistema objetada por ser inconstitucional. Paralelamente se facultó al Poder Judicial para que participase en el control constitucional, en cuyo caso sólo podía aplicarse para la parte reclamante pues carecía de la potestad de hacerlo para todos.

En el pasado, ya se habían suscitado circunstancias donde la ley contradecía a los artículos constitucionales y no se generaba contradicción alguna ya que en el pensamiento francés la norma suprema era la ley y no la Constitución. De esta manera errática, se había formado por décadas a los abogados en nuestro país. Finalmente, la Convención en su artículo 25 estableció la protección judicial de los derechos humanos.

IV. LA CONSTRUCCIÓN DEL ESTADO DEMOCRÁTICO Y SOCIAL

La política participativa emprendida por el Gobierno Revolucionario hizo posible que las medidas de inclusión para la época contaran con mayor celeridad, aunque éstas en la práctica no siempre encontraron el espíritu de cambio esperado. De hecho, muchos de sus beneficiarios terminaban distorsionando las finalidades y desprestigiando ante la sociedad los beneficios. Una discusión legítima pero dada en medio de un gobierno de facto y con la presencia de legisladores de renombre.

Anteriormente, desde inicios de los sesenta, la doctrina del pueblo había calado en los sectores rurales y urbanos, demandando la participación sin distinción de los pobladores en la vida pública del país. La presencia de un Estado que sí los represente era necesaria. Faltaban también aún nuevas reglas que acercasen el Estado al poblador. La democracia en Perú era formal, no material, en la medida de que era un orden institucional exclusivo para los sectores privilegiados, las élites, y excluyente para los sectores populares y medios, los pueblos. Por eso, la referencia en abstracto a la democracia se percibía como una defensa de los privilegios en desmedro de una democracia material, en concreto. Lo cierto es que la organización política correspondía a todos, aunque no la invocasen.

De un lado, la colocación de la Constitución como norma política democrática y como norma jurídica suprema constituyó el primer paso para valorar la cultura constitucional en el país, no obstante, aún era necesario moldear la mentalidad peruana para acercar a las fuerzas reales, a los poderes fácticos, hacia un compromiso con el Estado constitucional que vaya más allá del Estado legal. El cambio irradiado, asimismo, interpela a los sectores no privilegiados a una participación que rompa y supere el asistencialismo incondicional, que vaya más allá de cualquier relación clientelar.

Por otra parte, el legislador constituyente postuló que excepcionalmente el régimen de turno pudiese legislar sobre determinadas materias con autorización previa del Legislativo a través de una norma con rango de ley denominada decreto legislativo, configurando así el sistema legal de la época de acuerdo a la Constitución.

Ante decisiones impuestas, la nueva tendencia fue la concertación, que no caló entre los pobladores, como se da en otros Estados, siendo más motivo de mofa que de institucionalidad.

En lo cultural, la primera fase del régimen militar apoyado por profesionales había incluido gradualmente y bajo su mando al quechua como idioma oficial, a la jurisdicción comunal como jurisdicción especial para las zonas de selva y sierra y a los medios sociales como vías para acercarnos a este pluralismo idiomático y jurídico. Frente a esto, los legisladores constituyentes tuvieron diferentes planteamientos al respecto.

El representante del Frente Obrero, Campesino, Estudiantil y Popular (FOCEP), Ernesto Sánchez, conocido como el Jilguero del Huascarán, propuso en la 37° sesión de la Asamblea Constituyente:

"El castellano es el idioma oficial del Perú. El quechua, el aymara y las diversas lenguas constituyen patrimonio nacional. El Estado respeta las peculiaridades de cada zona en las cuales tienen uso oficial". (COMISION PRINCIPAL 1978, Tomo VI, p. 121).

Genaro Ledesma y Jorge del Prado, ambos de las filas de la izquierda, afirmaban la ventaja del uso del idioma quechua para incorporar a millones de peruanos en un esquema que todavía privilegiaba el castellano dentro las acciones emprendidas por el Estado (trámites, juicios, documentos, etc). A ello se agregaba, la declaración del aymara y otros idiomas con el mismo reconocimiento. En opinión de Enrique Chirinos Soto, estos idiomas serían oficiales en la circunscripción donde los hablasen. En opinión de Enrique Chirinos Soto, estos idiomas serían oficiales en la circunscripción donde los hablasen. Ideas que se plasmaron el artículo 83 de la Carta de 1979.

Un tema relacionado al idioma fue la impartición de justicia en zonas comunales que estaba avanzada desde 1974. Al respecto, los legisladores cerraron filas señalando que debía respetarse el sistema formal de monismo jurídico pues eso ya estaba definido desde el siglo XIX. Con ello, se perdió la oportunidad de ahondar en el reconocimiento institucional del pluralismo jurídico y sistemas jurídicos complementarios que hubiesen podido ayudar a resolver conflictos cotidianos en las zonas rurales.

La justicia ha sido la piedra angular de la convivencia en toda sociedad y no fue un tema exento dentro de las medidas plasmadas por el Gobierno Revolucionario de la Fuerzas Armadas a través del Decreto-Ley N°18060. Así, el 23 de diciembre de 1969 se declaró en reorganización al Poder Judicial cesando a los miembros de la Corte Suprema. Los nuevos nombramientos se efectuarían a través del Consejo Nacional de Justicia integrado por dos delegados del Poder Ejecutivo, dos del Poder Legislativo, dos de la Corte Suprema, uno de la Federación de Abogados, uno del Colegio de Abogados de Lima, uno del Programa Académico de Derecho de la Universidad de San Marcos y uno del Programa Académico de Derecho de las universidades del país. Dicho Consejo entró en funcionamiento el 7 de mayo de 1970 procediendo a elegir a los jueces y fiscales.

Elegía a los magistrados de los candidatos propuestos por el Poder Judicial, la Federación de Abogados y del Colegio de Abogados, respectivamente. La norma facultaba al nuevo colegiado a evaluar y sancionar a los jueces y fiscales sin considerar medidas en caso de que contravinieran el espíritu del régimen. En esos años, el doctor Vicente Ugarte del Pino, Decano del Colegio de Abogados de Lima, mantuvo una férrea exigencia de independencia del Poder Judicial, circunstancia que le acarreó una serie de calumnias e insultos por atreverse a cuestionar este proceso que, demostrado como innovador y de justicia social, fomentaba en su opinión la falta de credibilidad de la Judicatura, más aun cuando los miembros del Consejo Nacional de Justicia dependían de una designación más política que jurídica.

Este magistrado al final de la década de los sesenta había postulado la existencia de la Escuela Nacional de la Magistratura, similar a la existente en los países europeos, bajo la preocupación que no solo se debía elegir a los jueces y fiscales sino además capacitarlos para un desempeño eficiente de la carrera judicial (Ugarte, 1978, 622). La experiencia revolucionaria fue luego plasmada en la redacción de la nueva Carta de 1979 como el Consejo Nacional de la Magistratura, con un diseño que incorporaba sólo a letrados liderados por el Fiscal de Nación (cargo creado en 1856) e integrado por representantes de la Corte Suprema, uno de la Federación de Abogados, uno del Colegio de Abogados de Lima, dos representantes de las Facultades de Derecho.

Con este consejo apreciamos el establecimiento de órganos autónomos del sistema de justicia que se incorporarán al constitucionalismo y que se sumaban a otros de carácter económico provenientes de la gestión del régimen de Leguía: El Banco Central de Reserva, la Administración Nacional de Recaudación y la Contraloría General de la República.

Debemos destacar que además del Tribunal de Garantías Constitucionales y del Consejo Nacional de Magistratura se sumaba el Ministerio Público. Desde la creación de la Real Audiencia de Lima por las Leyes Nuevas (1542-1543), máxima instancia de impartición de justicia virreinal, jueces y fiscales habían pertenecido a una misma institución. Tradición que proseguirá con el establecimiento del Estado peruano y pervivirá hasta 1979 cuando se crea el Ministerio Público, institución autónoma del sistema de justicia. Años antes, la Ley Orgánica del Poder Judicial de 1963 planteó una mayor identificación de los fiscales con el ejercicio de la acción penal e hizo la variación en la denominación de

Ministerio Fiscal por Ministerio Público. Esta creación constituyente promovía de oficio o a pedido de parte la acción de la justicia en defensa de la legalidad, de los derechos ciudadanos y de los intereses públicos; actuando además "...como defensor del pueblo ante la administración pública". Atribución que se materializaría en la época del conflicto armado interno con la expedición de la Resolución N° 92-89-MP-FN, del 27 de abril de 1989, que creó la llamada Fiscalía Especial encargada de los asuntos de Defensoría del Pueblo y Derechos Humanos, bajo la responsabilidad del fiscal Clodomiro Chávez Valderrama.

Legaba el Gobierno Revolucionario de las Fuerzas Armadas una nueva Constitución, expedita para su entrada en vigencia, pero además una situación económica caracterizada por los constantes reajustes, también conocidos como paquetazos, de autoría del entonces ministro de Economía Javier Silva Ruete.

V. El retorno de la democracia formal y el terrorismo en el Perú real

Convocada las elecciones en 1980, la alianza AP-PPC (Acción Popular y Partido Popular Cristiano) resultaba ganadora tanto en el Congreso, donde obtenía mayoría, como en el Ejecutivo, donde el arquitecto Fernando Belaunde Terry se convertía en presidente de la República, por segunda vez.

Los peruanos de las zonas urbanas y principalmente costeñas tenían expectativas en el funcionamiento de las instituciones democráticas, máxime si el primer acto del mandatario sería la promulgación de la Constitución de 1979 el mismo 28 de julio de 1980. El nuevo período heredaba un país en dos dimensiones, el Perú formal, de la clase política existente enfocado en administrar el Estado peruano, y el Perú real, de los pueblos originarios migrantes del campo a la ciudad que son objetores de la clase política y la legitimidad del Estado peruano. Además, Belaunde tendría que asumir el pasivo económico del gobierno militar al tiempo que el inicio de las acciones armadas de grupos insurreccionales marxistas y maoístas. Este contexto fue permanente desde Fernando Belaunde Terry (1980-1985), Alan García Pérez (1985-1990) hasta Alberto Fujimori (1990-1992).

Los costos de las reformas sumadas a la declinación productiva, los paquetazos y el establecimiento de un nuevo modelo tributario incubaron las protestas, la informalidad, la violencia y el conflicto armado interno, marcado por el terrorismo de grupos y el terrorismo de Estado dejando en medio la población civil. El nuevo constitucionalismo enfrentaba sus primeros desafíos en mantener un nivel adecuado de dignidad humana, a falta de protección estatal o defensas de las organizaciones de la sociedad civil o partidos políticos. La movilización social y luego los hechos acontecidos en Ayacucho obligaron al régimen a otorgar poder de restaurar el orden a las Fuerzas Armadas para neutralizar todo tipo de alteración, lo que se materializaría en el mes de diciembre de 1982 comprendiendo los departamentos de Ayacucho, Huancavelica y Abancay. Esta acción provocó el máximo pico de desaparecidos indígenas del país cometido por las Fuerzas Armadas entre 1980 y 2000 y la comisión sistemática de crímenes de lesa humanidad, de acuerdo al Informe Final de la Comisión de la Verdad y Reconciliación (2003).

El desgaste del poder de Belaunde inclinó en 1985 la preferencia electoral al Partido Aprista Peruano con Alan García Pérez a la cabeza, quien se convertiría en Presidente de la República. Es anecdótico que este partido desde 1932 con Víctor Raúl Haya de la Torre como líder histórico fuera excluido del mandato oficial en diferentes ocasiones e incluso en 1963 que estando a décimas porcentuales del sillón presidencial y pasando la elección final al Parlamento aconteciese un golpe de Estado para impedírselo. El APRA contó con representación congresal en los períodos cuando no eran perseguidos. Sus medidas mayormente orientadas al bienestar de las grandes mayorías también buscaban controlar la labor del gobierno, pero, bajo una crítica apasionada y destructiva como podemos apreciar en las interpelaciones y censuras de los ministros de Fernando Belaunde en su primer mandato de 1963-1968. Ante la muerte de Haya de la Torre en 1979, se generó la crisis por la sucesión entre sus allegados cercanos Luis Townsend Ezcurra y Armando Villanueva del Campo, siendo preferido el segundo por las bases. Éste postuló para presidente de la República, pero no logró su cometido ya que su esposa era chilena. Más adelante, Townsend sería separado del partido al denunciar "desviación ideológica e indicios de corrupción", formando luego su propia agrupación: El Movimiento de Bases Hayistas. Escenario que junto a otros factores gradualmente permitió que Alan García Pérez a sus 35 años sea presidente del Perú.

Nuevamente, la población tuvo mucha expectativa no sólo por la juventud del mandatario sino por su papel como partido de oposición pues ahora se convertía por primera vez en partido de gobierno. La Constitución de 1979, de autoría de los partidos Aprista Peruano, Popular Cristiano y diversas formaciones de izquierda (aunque ésta última decidió no firmarla) sería puesta en práctica. El contexto precedente a Alan García le forzaba a responder las expectativas sobre política económica con la gente. Su inexperiencia y latrocinio en el gobierno nos llevó a una hiperinflación histórica a nivel mundial.

Los sucesos que acontecieron los días 18 y 19 de junio de 1986, mientras se llevaba a cabo la celebración del XVII Congreso de la Internacional Socialista, muestran la represión del Estado en su grado máximo de terrorismo de Estado frente al amotinamiento en las cárceles San Juan Bautista de la isla El Frontón, San Pedro (distrito de San Juan de Lurigancho) y Santa Bárbara (distrito de Chorrillos) en momentos que se iniciaba la huelga de los trabajadores del Sindicato Nacional de Trabajadores Penitenciarios (SINTRAP), hecho aprovechado por los militantes subversivos de Sendero Luminoso que ya disponían del control en las cárceles. Medida que fue justificada por el Decreto Supremo N° 006-86-JUS firmado por el entonces ministro de Justicia Luis Gonzales Posada que declaró a los recintos penitenciarios como "zonas militares restringidas", circunstancia que impidió el ingreso y presencia de cualquier autoridad civil.

A los crímenes terroristas de Sendero Luminoso y el Movimiento Revolucionario Túpac Amaru le complementaron los crímenes de Estado del gobierno de García contra el campesinado indígena. Desde el aparato político del mismo gobierno aprista incluso se apreciaban las contradicciones, bastando leer las palabras del propio presidente García pronunciadas en el VII Congreso de la Juventud Aprista:

> "Debemos reconocer como Sendero Luminoso tiene militantes activos, entregados, sacrificados. Equivocados o no, criminales o no, el senderista tiene lo que nosotros no tenemos: mística de entrega. Esa gente que merece nuestro respeto y mi personal admiración porque son, quiérase o no, son militantes". Ayacucho, 22 de mayo de 1988" (SOMOS, 2012, p. 26).

La progresiva desconfianza en el régimen y en el sistema permitió la emersión de líderes de diferentes ámbitos de la sociedad conocidos como los outsiders, quienes construyeron las fuerzas políticas a su alrededor. Esta circunstancia evoca la fragilidad de los partidos políticos tradicionales: Acción Popular, Partido Popular Cristiano, el Partido, Aprista Peruano y la Democracia Cristiana, que habían llegado a gobernar. Personajes como Ricardo Belmont Casinelli (empresario de radiotelevisión), Susana Díaz Díaz (farándula), Alberto Fujimori Fujimori (ingeniero, ex rector de la Universidad Agraria) y Mario Vargas Llosa (connotado escritor) se convirtieron en reflejo de esta nueva generación de políticos sin ideología ni militancia orgánica partidaria en el tiempo. De esta manera acudimos a la sociedad, principal cantera de líderes.

Un detalle que observar es que, durante los debates de la Asamblea Constituyente de 1978-1979, los legisladores decidieron, en su afán de democratizar el sistema político, hasta entonces limitado a la mayoría poblacional del Perú; incluir a los analfabetos para que pudiesen elegir y ser elegidos. En este último caso, se iba deselitizando el Legislativo para sincerar la realidad social y superar la captura del Estado por las élites de entonces. Con el colapso del sistema de partidos a finales de los ochenta, la función parlamentaria empezaba a decaer al punto que el parlamentario traspasó su capacidad decisoria a la gestión de sus asesores (salvo excepciones), quienes terminarán en la práctica legislando, como ocurrirá en algunas administraciones gubernamentales futuras.

CAPÍTULO SEIS

El nuevo orden

I. LA CONSTITUCIÓN DE 1993 Y EL NUEVO ORDEN AUTORITARIO

En 1990, fueron convocadas las elecciones generales y el sufragante peruano buscaba nuevas referencias políticas en la sociedad, estando entre las alternativas más cercanas: el Frente Democrático liderado por Mario Vargas Llosa y Alberto Fujimori Fujimori con su agrupación Cambio 90. Nuevamente el constitucionalismo era puesto a prueba en los comicios. Los temas gravitantes de la campaña se redujeron al saneamiento de la economía y a la recuperación de paz, agravados por el régimen anterior. A ello se sumaba, el manejo político en el terrorismo, donde en el MRTA la familia de Víctor Polay Campos, su líder, era aprista siendo su padrino de confirmación el propio presidente del Consejo de Ministros del APRA, Armando Villanueva del Campo. El nuevo régimen impuso el estilo en los gabinetes, al integrar a políticos de otras tiendas, así como a independientes.

Se optó por solicitar al Congreso la delegación de facultades para expedir decretos legislativos con el objeto de enfrentar este flagelo, muchos de las cuales fueron anulados, agudizando la relación entre los poderes políticos. Un segundo desencuentro con el Parlamento consistió en descartar la propuesta del Ejecutivo para la aprobación de la ley de presupuesto para el ejercicio de 1992. Circunstancia que nos recuerda el episodio de ochenta años atrás con Billinghurst.

Preámbulo que permite contemplar que los hechos desencadenaron en el autogolpe del 5 de abril de ese año donde el presidente de la República, con apoyo de la cúpula militar y una mayoritaria aceptación de la población, ocasionó un desbalance en el sistema democrático disolviendo en Congreso y ordenando el cierre del Poder Judicial, el Tribunal Constitucional, el Ministerio Público y de los gobiernos regionales.

Esta reorganización permitió la centralización del poder entorno al régimen para lo cual se expidió el Decreto Ley N 25418, iniciando este período con el denominado "Gobierno de Emergencia y Reconstrucción Nacional".

Luego del Autogolpe, el gobierno expidió el Decreto Ley 25475, el 6 de mayo de 1992, estableciendo las penalidades para los delitos de terrorismo que iban desde pena privativa no menor de veinte, veinticinco y treinta años, así como la cadena perpetua figura inédita en los anales jurídicos y penales del Perú:

"Ambos [Andrés Aramburú Menchaca, decano del Colegio de Abogados de Lima y Jorge Avendaño Valdez, decano de la Facultad de Derecho de la Universidad Católica] coincidieron en señalar que, a pesar de las seguridades lógicas que pudieran darse de una condena de por vida, no debe olvidarse que está vigente la figura jurídica del indulto y de la amnistía.

Teóricamente esto significó un viraje político de 180 grados que agravó los mecanismos de sanción para evitar poner en libertad al mayor responsable de crímenes en los anales de la historia peruana, apelando precisamente a estas dos instituciones que permanecen en la legislación peruana, dejaron traducir en sus apreciaciones" (El Comercio, 1992, p. A7)

Posteriormente al atentado en la calle Tarata (Miraflores-Lima), la traición a la patria se fue redefiniendo política y jurídicamente y a través de ella, la pena de muerte se volvía una sanción común. Para contar legitimidad, el régimen planteó su consulta vía referéndum para el 22 de noviembre de 1992 dentro del proceso de elección de los ochenta parlamentarios que integrarían el Congreso Constituyente Democrático (CCD).

Clausura del Congreso, durante el autogolpe del 5 de abril de 1992
Archivo Histórico El Comercio

Circunstancia que generó reacciones diversas de la comunidad jurídica y política. Jorge Avendaño Valdez sostuvo que era contradictorio proponerse al mismo tiempo la convocatoria al parlamento constituyente y aprobar la pena de muerte, aspecto que conllevaría la modificación de la Constitución de 1979 donde la única entidad que ratifica tratados versados en derechos humanos era el parlamento, no cabiendo la posibilidad de someter a referéndum dicho tema. Finalmente, no prosperó la consulta, derivándose su discusión en la futura redacción del texto constitucional de la actual Carta (artículo 140°).

El Gobierno de Emergencia y Reconstrucción Nacional tuvo que hacer frente a las reacciones de la comunidad internacional que lo obligaban a restaurar el orden constitucional, lo cual se reflejó en el discurso ante la Organización de Estados Americanos, indicando que los siguientes meses se convocaría a elecciones para el Poder Legislativo y al cual se le encargaría la redacción de una nueva Carta. Nuevamente colocábamos en la agenda la necesidad o no del establecimiento de nuevas reglas de juego frente a este abrupto cambio y si los poderes políticos las acatarían en su integridad. La recuperación del liderazgo presidencial frente al congreso fiscalizador extremo.

La segunda misión se encaminó a la creación de condiciones para la recuperación económica. Al fujischock que retiró toda medida proteccionista en el mercado y fue el mayor de los acostumbrados paquetazos, vino el desprendimiento de las cuantiosas empresas públicas, que en su mayoría provenían de las expropiaciones y fusiones acontecidas durante el Gobierno Revolucionario de las Fuerzas Armadas, varias de las cuales habían sido consideradas como estratégicas y ya no lo eran en opinión de los tecnócratas del Estado de la época.

La convocatoria a elecciones permitió apreciar de fuerzas políticas definidas y recreadas para la ocasión donde políticos que antes apoyaban a Vargas Llosa se inclinaron por el entorno fujimorista, representado por Cambio 90 – Nueva Mayoría que integraba a nuevos actores en la política. El nuevo escenario obligaba a rediseñar las relaciones Ejecutivo-Legislativo que habían dado origen a la crisis. Para Javier Valle Riestra "...el racionalismo parlamentario se hallaba en el unicameralismo... y el bicameralismo ha significado genuflexión" (Valle Riestra, 1992, p. 14).

> "Mientras que César Landa sostenía que: el sistema bicameral adolece de determinadas inconveniencias que pueden ser superadas por un sistema unicameral" (Landa, 1989, p. 65).

Al final, los legisladores se inclinarían por un congreso de una sola cámara, bajo la creencia que la seguridad en el protocolo de elaboración de la norma con la participación de un grupo de asesores del congresista sustituiría a la segunda cámara. Lo que en teoría era razonable, en los hechos dio lugar a evaluar si estos expertos calificaban para serlo, máxime si no eran nombrados del Parlamento sino recomendados por el propio congresista sin constar que calificaban para la plaza. Circunstancia que generaría desde asesores fantasmas hasta advenedizos. En la práctica, esta opción no ha demostrado superar los cuestionamientos plasmados, de ahí que el retorno a la bicameralidad no presente obstáculo alguno, en mi opinión.

Respecto a los derechos, se puede constar una ampliación en los de naturaleza expresa, pero también restricción con los de naturaleza laboral, sustituyendo el acápite de la estabilidad por la protección contra el despido arbitrario.

La creación de la Defensoría del Pueblo fortaleció el constitucionalismo al ofrecer al ciudadano una entidad que lo oriente en el mejor desarrollo de sus derechos. Promovida por los legisladores Carlos Ferrero Costa, César Fernández Arce y Lourdes Flores Nano, el mismo que fue aprobado el 12 de abril de 1993 y quedó plasmado en los artículos 161° y 162° de la Constitución actual. No debemos dejar de mencionar el papel que cumplieron los grupos de derechos humanos ejerciendo presión para lograr que esta institución figurase en la nueva Constitución y más adelante hacer realidad su implementación que tardará tres años hasta que el Congreso elija al doctor Jorge Santisteban de Noriega como Defensor del Pueblo. Le corresponde a la Defensoría del Pueblo, es decir, a la institución, tutelar los derechos constitucionales de la persona, supervisar el cumplimiento de los deberes de la administración estatal y la prestación de los servicios públicos a la ciudadanía.

El derecho fundamental a la participación ciudadana también ha incidido en el fortalecimiento del constitucionalismo, tomando como referencia la Constitución colombiana, se incorporaron los mecanismos de consulta como revocatoria, remoción y referéndum, cuyos avances ya se habían establecido desde 1990, pero en materia ambiental:

"Decreto Legislativo 611, del 7 de setiembre de 1990, o Código del Medio Ambiente y los Recursos Naturales que señaló la siguiente disposición preliminar:
Título Preliminar, artículo VI:
Toda persona tiene el derecho de participar en la definición de la política y en la adopción de las medidas de carácter nacional, regional y local relativas al medio ambiente y los recursos naturales. De igual modo, a ser informado de las medidas o actividades que puedan afectar directa o indirectamente la salud de las personas o de la integridad del ambiente y los recursos naturales. Todos están obligados a proporcionar a las autoridades las informaciones que estas requieran en el ejercicio de sus atribuciones para el control y vigilancia del medio ambiente".

Instrumentos que replantearían el sistema político que hasta la fecha sólo era representativo y ahora incursionaba en la atención directa del electorado, que siempre ha de ser instruido para que las consultas sean eficaces y con la supervisión y garantía del Estado para que se realicen sin percance alguno. Participación que también ha influido en la conformación del Consejo Nacional de la Magistratura, al incorporar a representantes de colegios profesionales no abogados para nombrar, ratificar y destituir jueces y fiscales. En los hechos, la participación como tal no ha dado el resultado esperado al estar algunos consejeros involucrados en escándalos, no faltando uno que tuvo conflictos de intereses y sin embargo permaneció en el cargo.

En el ámbito cultural, los legisladores optaron por rediseñar la participación de las comunidades de acuerdo con el Convenio N° 169 de la Organización Internacional del Trabajo (OIT): Convenio sobre los pueblos indígenas y tribales en países independientes que se convirtió en un tratado de carácter vinculante en lo referente a la legislación indígena con la ratificación del Congreso peruano (Ratificado por el Perú mediante Decreto Legislativo N° 26253 del 2 de diciembre de 1993.)

Con él se rechazaba el modelo etnocéntrico y monista sustentado por las constituciones republicanas, postulando uno de carácter constitucional pluralista, que partía del reconocimiento del indígena como sujeto diferente pero articulado con un Estado que lo debía proteger, lo cual demandaba la reformulación de lo que hasta entonces había sido el pilar principal de la organización jurídico. A ello se agrega la compatibilidad en las maneras de regulación interna del derecho con la vigencia de los derechos humanos a ambos sexos, así como la creación de sus mecanismos de protección.

Circunstancia que en su aplicación nos propone un acceso más fluido al Estado en los diferentes niveles de representación política, en el gobierno y en la administración de justicia. Dentro del territorio, si reconocemos que los indígenas gozan de un espacio ello llevaría a replantear la manera cómo se produce en la práctica el aprovechamiento de recursos a través de un desarrollo sostenido. De ahí, ha urgido en los últimos años la necesidad de solicitar un informe de impacto ambiental, para determinar la posibilidad de deterioro del hábitat durante la explotación.

Territorio donde confluye la existencia de dichos recursos con el conocimiento que se dispone de ellos, y que constituye, por ejemplo, un elemento muy apetecible para algunas organizaciones no gubernamentales e investigadores que trabajan en las zonas rurales como en la Amazonia peruana y que luego registran la especie como suya, cuando finalmente es de la propia naturaleza. A ello se suman las concesiones petroleras y mineras otorgadas por el Estado peruano en diferentes regímenes y si éstas benefician a los pobladores cercanos, lo cual se ha tratado de mejorar con los otorgamientos de dinero proveniente de los derechos de canon.

II. EL DESAFÍO DEL PLURALISMO JURÍDICO EN EL ESTADO DEMOCRÁTICO CONSTITUCIONAL

La Carta de 1979 estableció el derrotero, reconociendo la diversidad a través del patrimonio cultural. Posteriormente, los legisladores retomaron en el Congreso Democrático Constitucional la necesidad de adjudicar funciones jurisdiccionales a las autoridades de pueblos y comunidades indígenas/campesinas, dentro de su ámbito territorial, y siguiendo su propio derecho consuetudinario -y no el estatal- dirigiéndose a la creación de las bases de un pluralismo legal interno que sólo estuviese limitado por los derechos humanos.

Con ello llegaríamos a la conclusión que la labor de la administración de justicia correspondería a la comunidad campesina (anteriormente de indígenas), sin embargo, la ley 27908 del 6 de enero de 2003, en su artículo 7°, ha optado por asignar dicha labor a la ronda campesina, organización civil creada en 1977 y que tuvo protagonismo durante la lucha contra el terrorismo desatado por Sendero Luminoso y el Movimiento Revolucionario Túpac Amaru en los últimos 30 años. Creemos que deba ser la comunidad, la que, a través de sus órganos de administración, la que debiera continuar con la resolución de conflictos, como lo ha estado haciendo.

El proceso de adecuación ha enfrentado a dos sectores de la doctrina: Aquellos que asumían la postura de la absorción del derecho indígena al sistema normativo nacional y que probablemente terminaría por legislarse a través de un reglamento. Y la otra postura que consistiría en que el principio de pluriculturalidad, derivada de los derechos humanos, termine por ubicar a esta materia consuetudinaria y luego a nivel constitucional.

El pluralismo jurídico constitucional va, gradualmente, sentando las bases para un nuevo ordenamiento al poner en práctica las disposiciones formales: ejecutorias, sentencias o normas con los llamados sistemas alternativos no indígenas, los que contemplaban la resolución de conflictos, todo ello dentro de un proceso que cuestiona la tradición jurídica legalista, relacionada con la lentitud de los procesos burocráticos y la presunta ineficacia de la administración nacional para atender las demandas del individuo común. Aunque suelen relacionarse como sinónimos el pluralismo (vinculado con las costumbres del sector indígena) y la resolución alternativa de conflictos - aplicada a cualquier sujeto a través de la conciliación-, ambos difieren tanto por el sujeto involucrado como la materia puesta en cuestionamiento.

La administración de justicia en las zonas rurales se produce a través de las Comunidades Campesinas, cuyos presidentes cuentan con las facultades correspondientes a las del juez de paz. El uso del sentido común y los razonamientos derivados de prácticas consuetudinarias terminan por perfeccionar la manifestación de voluntad expresada. Así, no resulta extraño que como conclusión del proceso, el juez de paz se pronuncie en materias de derecho civil, penal y procesal al mismo tiempo, lo que en el procedimiento formal sería contemplado por separado.

Experiencia que ilustra el papel del derecho frente al conflicto de intereses, propio de una sociedad, pero donde además se percibe un grado de eficacia y eficiencia en la resolución de los conflictos y donde podemos afirmar que no se generaría la anomia social que en derecho formal termina alejarse del aspecto legal, percibiéndose por ejemplo en las zonas urbanas en los casos de linchamiento. Se puede sostener que existe una sanción reintegradora pero que no desvincula al individuo, cuyo aporte a la comunidad es necesario. Las Comunidades Campesinas expresan un principio de territorialidad donde se percibe la integración de sus habitantes, quienes en forma habitual ponen en práctica su derecho consuetudinario, obligatorio en tanto existe un consentimiento de por medio, haciéndolo transmisible de generación en generación y donde su incumplimiento da lugar a una sanción.

El reconocimiento a la autonomía incipiente comunidad indígena nos muestra además la existencia de su jurisdicción, declarando sus facultades e impartiendo justicia. Facultad que buscaría una forma de compatibilidad o coordinación entre el Estado y dichas comunidades (incluyendo las rondas), pero que es dominio del ente estatal, por lo que la propuesta de la pluralidad jurídica deba partir de allí, lo cual no excluye otras maneras de acercamiento sea a través de la sociedad o de la misma autoridad estatal, pero mediante una concertación. A ello se agregaría la distinción de los niveles administrativos, propios de una organización jurídico-política, que estarían acorde con las instancias judiciales, así como sus áreas de competencia. Experiencia que ya se había efectuado desde 1973 y fue concluida por los legisladores cinco años después.

> "Así, las costumbres jurídicas se mantienen vigentes en tanto no sean contradichas. Él o los responsables son convocados por la Asamblea Comunal de acuerdo con las normas consuetudinarias, posiblemente señaladas en el estatuto. Pero como indica Pier Paolo Marzo: "Cuando la organización campesina considera que las características del delito procesado no permiten su procesamiento por la institucionalidad comunal (por ejemplo, en los casos de asaltantes de caminos de banda), entregan a los delincuentes a las autoridades policiales o judiciales comunes" (DEFENSORÍA DEL PUEBLO 2006; pág. 19)

¿Pero qué sucede cuando los asaltantes son de la propia comunidad o de la ronda campesina? No resultaría extraño que fuesen juzgados por su propia entidad, como una suerte de fuero o derecho personal y que no comunicasen de lo ocurrido a la autoridad oficial. Presupuesto que nos lleva a distinguir que aunque las comunidades indígenas tengan su propio sistema normativo para regular su vida social entre sus miembros, el conflicto se presenta al abordar problemas extra comunitarios y frente al sistema legal, que posee un conjunto de normas con distinta valoración de los mismos hechos. Circunstancia que nos lleva a reflexionar sobre la aplicación del derecho en nuestro país, bajo la integración incipiente desde la Constitución donde conviven el consuetudinario indígena y el ordenamiento jurídico nacional que establece el ejercicio de las funciones jurisdiccionales.

Acorde con la Constitución de 1993, en la última década podemos advertir los avances en el aspecto cultural con las campañas contra el analfabetismo al trasladar la política educativa del gobierno central a las regiones (2010), la publicación de ejemplares de la Constitución en versión quechua, aymara, ashanika por parte del Congreso; la declaración de sentencias en idioma quechua (2015) y en aymara (2015) a través del Poder Judicial y el establecimiento de programas de radio y televisión en señal abierta en quechua y aymara (2017), por parte del Ministerio de Cultura.

Recientemente, la Defensoría del Pueblo ha publicado un exhaustivo trabajo en el Informe de Adjuntía N° 002-2018-DP/AMASPPI/PPI «El largo camino hacia la titulación de las comunidades campesinas y nativas» que muestra el interés de actores estatales en disminuir la presión de los conflictos sociales vigentes en el país. A ello sumamos la intervención del Instituto Internacional de Derecho y Sociedad, entre otras entidades, por mediar y plantear una aplicación más institucional del pluralismo expresado en la Constitución.

Proponemos que, bajo este modelo, una sociedad sea considerada desarrollada deba propiciarse un impulso muy fuerte en educación que conlleve al impulso de la ciencia, la innovación y la tecnología. Que exprese un nivel adecuado en Índices de Desarrollo Humano (IDH) que refleje la interacción continua del Estado, presente y eficiente en todo el territorio nacional. Un desarrollo que asegurare un nivel de inversión en el ser humano y la familia, fortaleciendo el sistema de salud y permitiendo la oportunidad de proyectos de vida, sea en actividades individuales y colectivas, en búsqueda de las mejores condiciones.

Bajo un enfoque jurídico y educativo, la Historia Constitucional en el Perú no puede dejar de fomentar la aplicación de los postulados de la teoría de desarrollo sostenible consagrados en la Constitución provenientes del informe Brundtland (1989). Sistematizándolos con los tratados y las normas internas, que no sólo se resumen en las leyes de protección, sino mostrando la existencia de casos emblemáticos que contrastan con la necesidad de abordar el tema medioambiental como un derecho fundamental, cuya protección deba contar con una concurrencia perenne del Estado y la sociedad.

Por último, resulta necesario destacar en los avances del Estado el involucramiento de los diferentes sectores sociales, donde la actuación del empresariado formal resulta necesaria, compartiendo roles en el diseño y ejecución de las políticas ambientales, De ahí que, la informalidad deba transformarse en una externalidad positiva en este proceso de análisis de explotación y preservación de los recursos naturales a través de la Constitución y del derecho.

Es urgente comprometer al Estado (local, regional o nacional), expresión jurídica del país y a la futura Autoridad Nacional de la Amazonía, elegida por los miembros de los distintos grupos étnicos y reconocida por el presidente de la República, como Jefe de Estado para fijar el modelo de desarrollo dentro de una economía que no se desprenda del modus sustentado en sus raíces, manteniendo la calidad de vida de los pobladores. A ello, debemos agregar la necesidad de proseguir con la gestión del mapa catastral, propiciada por la Defensoría del Pueblo (2018), evitando de esta manera la usurpación de tierras ancestrales, reclamadas por los lugareños. El continuo asesoramiento de profesionales de diferentes áreas sería útil, cuyo esfuerzo redundaría en desterrar toda práctica contraria al bien común de los habitantes.

A ello sumamos la necesidad de fortalecer la vigilancia de la explotación de recursos en aquellos lugares donde la autoridad formal no existe. La historia enseña los extensos despojos de los que el Perú ha sido víctima, siendo posteriormente regularizados con tratados limítrofes.

Resulta lamentable la poca exigibilidad del Estado en la responsabilidad de los daños ambientales fortuitos o no. Empresas que pese a ser sancionadas administrativamente, buscan el amparo de letrados y jueces para seguir operando, como en la actualidad. Provocando con ello, la desconfianza del poblador frente a la eficacia del sistema judicial en sus demandas, agudizándose de esta manera las relaciones hasta transformarse en conflictos sociales, convirtiéndose en caldo de cultivo para próximos enfrentamientos contra la policía. En los últimos meses, las comunidades y federaciones indígenas FEDIQUEP, FECONACOR, OPIKAFPE y ACODECOSPAT demandaron al Estado medidas inmediatas para detener los pasivos ambientales, las que no ha garantizado, contribuyendo a favorecer la impunidad.

En los últimos años, los líderes de las etnias, mayormente amazónicas se han percatado del potencial de plantear sus reclamos a través de las redes sociales e instancias supranacionales por la manera como ha actuado el Perú desde el año 2009.

III. DE LA TRANSICIÓN INCONCLUSA A LA DEMOCRACIA DESDE 1993

La permanencia en el poder de Alberto Fujimori Fujimori lo llevó a desconocer la propia Constitución que el promulgó, contando con el respaldo del Congreso y de las fuerzas reales, sobre todo económicas, La persistencia de la reelección llevó a los legisladores de su partido, que llegarían a contar con más del 50% del pleno de Congreso a establecer una Dictadura Parlamentaria que expediría la ley que justificase el tercer mandato, sancionando a toda institución que se opusiera. Así se explicamos la defenestración de los magistrados del Tribunal Constitucional que osaron pronunciarse en contra: Manuel Aguirre Roca, Guillermo Rey Terry y Delia Revoredo Marsano bajo la acusación de Enrique Chirinos Soto, emulando a la frase de John Locke: el Congreso todo lo puede. Así se quebraban nuevamente las reglas constitucionales sólo que en esta oportunidad se afectaban las relaciones con los órganos supranacionales, derivados del Pacto de San José.

La elección por el tercer mandato creó las condiciones para que la sociedad reiteradamente presionase por el fin del régimen. La prensa se encargaría de denunciar los escándalos de los allegados al gobierno, así como la presentación de videos que agudizarían la fragilidad del sistema y desencadenarían la renuncia del presidente Alberto Fujimori Fujimori, la sucesión del poder que determinaría la designación del congresista Valentín Paniagua Corazao como presidente de la República. Caso que no es del todo anómalo ya que antes lo hizo el colegiado desde la Constitución de 1823.

Podemos advertir que desde entonces los regímenes han ido trasladando el poder sucesivamente en medio de los vaivenes: Alejandro Toledo Manrique (2001-2006), Alan García Pérez (2006-2011), Ollanta Humala Tasso (2011-2016), Pedro Pablo Kuczynski (2016-2018) y Martín Vizcarra Cornejo (2018-2021); señal de continuidad, balos parámetros que la propia Carta y la tradición constitucional prevén. La vigencia de la

Constitución ha ido cambiando acorde con las fuerzas políticas que arribaron al poder político.

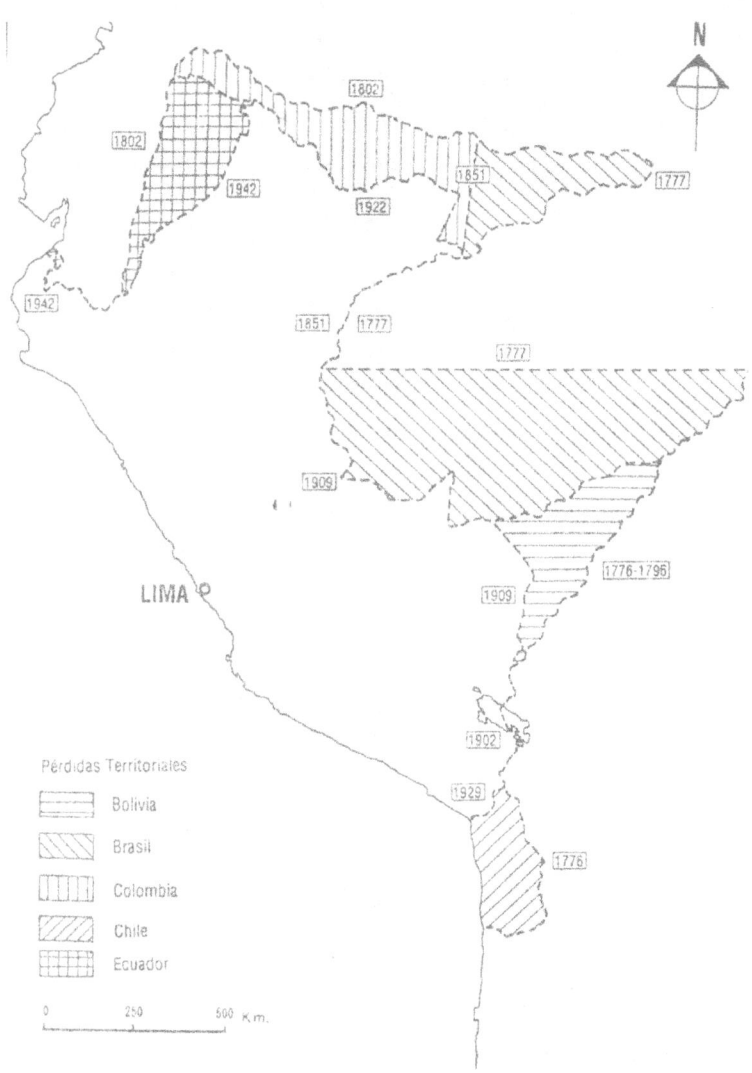

Demarcación y cesión territorial peruana (1985).
Fuente: PEASE GARCÍA IRIGOYEN, F. (1985) PERÚ HOMBRE E HISTORIA. Lima. Banco Continental.

Las elecciones presidenciales y congresales del año 2016 dieron por ganador para Presidente de la República a Pedro Pablo Kuczynski de la agrupación Peruanos Por el Kambio mientras que 73 escaños del Poder Legislativo fueron captados por el partido Fuerza Popular, de carácter fujimorista. Circunstancia que mostraba que los poderes políticos guardaban una tensa relación y donde un tema ajeno a ellos podía ser capitalizado de acuerdo a sus intereses. A ello se sumó la presencia de un alto índice de prácticas informales proclives a ser corruptas. Tema abordado desde diferentes frentes y al cual ningún partido hallado responsable, lo ha asumido directa o indirectamente. Del examen de las gestiones anteriores, la del partido Aprista, resulta la más cuestionada por la ejecución de las políticas de Estado.

Es aquí donde se ubica el presente caso protagonizado por los magistrados Manuel Miranda, Marianella Ledesma, Eloy Espinoza-Saldaña y Carlos Ramos, quienes retomaron la calificación de delitos de lesa humanidad, asignándola al develamiento por la insurrección del penal El Frontón, ocurrido en el mes de junio de 1986, durante el primer mandato de García Pérez Con ello, dejaban sin efecto el extremo de la resolución que declaraba nulo el auto de apertura que declaraba que los hechos materia del proceso penal constituyen crímenes de lesa humanidad... (Exp. N° 01969-2011-PH/TC Lima. Humberto Bocanegra Chávez; 14 de junio de 2013).

Circunstancia que motivó que once efectivos de la Marina de Guerra del Perú acusaran constitucionalmente a dichos magistrados del Tribunal Constitucional por violar el principio de inmutabilidad de la cosa juzgada. La subcomisión de acusaciones constitucionales nuevamente a cargo del partido fujimorista y liderada por el congresista César Segura planteó la destitución del magistrado Espinosa-Saldaña, la suspensión de los jueces Ledesma y Ramos y la exculpación de Manuel Miranda.

En forma preventiva, los miembros del TC aludidos presentaron ante la Corte Interamericana un pedido de medidas provisionales tutelares ante su posible destitución. (Resolución de la Corte Interamericana de Derechos Humanos, 8 de febrero de 2018) Medidas provisionales respecto del Perú. Caso Durand y Ugarte vs. Perú. (www.corteidh.or.cr/docs/medidas/durand_se_02.pdf

Hecho que nos ilustra la cada vez más recurrente práctica de recurrir a instancias internacionales, que al inicio mostraba las demandas de los nacionales contra el Estado, ahora son los propios actores estales que buscan en un tercero el talante y la ponderación requeridos como autoridad.

En el actual período presidencial y congresal ha existido el interés de reformar la Constitución para reinsertar la Cámara Alta, cuya presencia no sólo garantizaría el balance en el control parlamentario funcional sino en la de sus propios integrantes. Al respecto, el diplomático Hubert Wieland (2017) en su artículo: Bicameralidad: ¿un cuento chino?, nos propone reflexiones en torno a este debate:

> "En última instancia, el prestigio del Congreso de la República dependerá siempre de la calidad moral e intelectual de sus miembros y de la voluntad política de los partidos políticos de promover el bien común no el beneficio propio" (párr. 31).

Por su parte, la Comisión de Constitución y Reglamento presidida por el congresista Miguel Torres ha recibido varios proyectos de reforma para el Congreso, entre ellos el del Poder Ejecutivo Proyecto de Ley 1325/2016-PE, del 22 de junio de 2017, proponiendo que los actuales 130 congresistas se conviertan en 100 diputados y 30 senadores, lo cual a mi parecer no responde a las expectativas al no considerar la representación con el aumento de la población electoral ni considerar y el actual modelo de descentralización imperante desde el año 2002.

Se ha modificado la Carta a nivel regional y municipal, donde el Congreso optó por modificar el proceso electoral para alcaldes y presidentes o gobernadores regionales impidiendo su reelección inmediata desde los comicios de 2018, a través de la Ley N°30305, del 15 de marzo de 2015, que afectó respectivamente los artículos 191°, 194° y 203° de la Carta; accionado por el flagelo de la corrupción.

En cuanto al Congreso, ya desde el mes de noviembre del año 2005 se propició la recolección de firmas, en la región de Moquegua con el propósito de evitar la reelección inmediata de los congresistas. Por su parte, el plan de gobierno 2006-2011 del Partido Nacionalista Peruano en el rubro de la reforma del Estado contemplaba la prohibición de la reelección inmediata presidencial, parlamentaria, edil y regional, bajo el argumento que, a una misma razón, un mismo derecho

Este planteamiento hizo reflexionar a los partidos que debían examinar el pasado del candidato político, su trayectoria, el cumplimiento de su promesa como su probable aspiración al siguiente proceso electoral, lo cual no escapaba a la existencia de cierto clientelismo con la mayoritaria población que siendo ciudadana carecía de servicios básicos. Circunstancia que puso a prueba las estrategias de los demás partidos políticos en la contienda del 2006, motivando el rediseño de las listas como fue el caso de Unidad Nacional y Perú Posible, que trasladaron candidatos de la lista del Congreso Nacional a la del Parlamento Andino, o los retiraron. Ocasión que ponía en evidencia vacíos en la Ley de Partidos Políticos:

> "Artículo 24°.- Modalidades de elección de candidatos.
>
> Corresponde al órgano máximo del partido político decidir la modalidad de elección de los candidatos a los que se refiere el artículo anterior. Para tal efecto, al menos las cuatro quintas partes del total de candidatos a representantes al Congreso, Consejeros Regionales o Regidores, deben ser elegidas bajo alguna de las siguientes modalidades: a) Elecciones con voto universal, libre, voluntario, igual, directo y secreto de los afiliados y ciudadanos no afiliados. b) Elecciones con voto universal, libre, igual, voluntario, directo y secreto de los afiliados. c) Elecciones a través de órganos partidarios, conforme lo disponga el Estatuto […]".

Esta situación hizo que otras fuerzas políticas, como el Partido Aprista Peruano, adoptasen una postura mixta donde la lista de candidatos al Congreso estuviese compuesta por congresistas que iban a la reelección como a nuevos postulantes, pues la ley no lo prohibía. El 9 de marzo del 2015, el Congreso expidió la ley 30305 (9 de marzo de 2015) que estableció la no reelección inmediata para cargos a nivel edil y regional. Disposición aplicada a partir de las elecciones del año 2018, con lo cual sólo el cargo congresal continuaba con la reelección inmediata, aún.

El Presidente de la República Martín Vizcarra en su Mensaje a la Nación del 28 de julio de 2018 planteó la necesidad de extender la prohibición de la reelección inmediata a los congresistas, iniciativa legislativa que se sometió al Congreso para que éste la apruebe, Al inicio, la medida no fue del agrado de este poder, conformada por el mayoritario partido Fuerza Popular, el cual buscó demorar los trámites y discusiones. Sin embargo, al indicar el gobierno que esta iniciativa como otras eran planteadas como cuestión de confianza, y ante la fuerte presión de colectividad, el pleno del Congreso terminó por aprobarla y convertirla en norma el 4 de octubre del 2018.

La ley fue sometiéndola a referéndum el 9 de diciembre, siendo su resultado publicado por el Jurado Nacional de Elecciones el 8 de enero de

2019, con lo cual la mayoría ciudadana ratificaba la medida presidencial. Circunstancias que advierte el protagonismo del presidente de la república, bajo la modalidad de consulta previa, haciendo que la población se interese en la marcha del Estado.

Contexto que nos anima a formular propuestas en aras de fortalecer el constitucionalismo peruano para los procesos futuros:

"Primero: Frente a la tendencia en el Perú que los diferentes cargos políticos (alcalde, regidor, gobernador regional, consejero regional, presidente de la república y vicepresidente de la república) sean reelegibles, pero dejando un período, proponemos que el actual cargo de congresista (más adelante diputado o senador) no tenga reelección inmediata.

Segundo: En forma similar frente a otros cargos políticos, el de congresista, diputado o senador será también renunciable, pero con la previa aprobación del pleno del Congreso.

Tercero: El Poder Legislativo reside en el Congreso de la República, el cual está integrado por la Cámara de Diputados y la Cámara de Senadores.

El número de congresistas es de ciento cincuenta y cinco, conformado por ciento treinta diputados y veinticinco senadores (representante por cada región). Los miembros del Congreso de la República se eligen por período de seis años, mediante un proceso electoral organizado conforme a ley.

Para ser elegido diputado se requiere ser peruano de nacimiento, 25 años y gozar de derecho de sufragio. Mientras que, para senador, los mismos requisitos, contando con 40 años.

El congreso será elegido por mitad, cada 6 años. Transitoriamente en el próximo proceso de elecciones generales, los ciudadanos a través del voto electrónico elegirán a 65 de los actuales congresistas, a quienes se les prorrogará un año más el mandato para convertirlos en diputados. En ese mismo acto electoral, se elegirán los 25 senadores. Al año siguiente se elegirán los otros 65 diputados.

Cuarto: Quedan eliminadas las inmunidades parlamentarias. En adelante, las denuncias interpuestas contra los actos políticos de los parlamentarios serán vistos en la Sala Constitucional de la Corte Suprema.

Quinto: El presupuesto del Poder Legislativo (incluyendo diputados y senadores) no será menor al dos por ciento del presupuesto de gastos corrientes para el Gobierno Central.

Sexto: La función congresal hoy requiere no sólo popularidad sino de conocimiento, experiencia y conducta ante la sociedad y que sean acreditados por el ejercicio de su oficio o profesión, el pago de sus impuestos. de no contar con sentencia pendiente ni ejecutoriada, contando con el derecho de sufragio. Lo cual se constata a través de las instituciones correspondientes. Quien ocupe el cargo congresal (congresista, diputado o senador) al momento de ser aprobada esta cláusula e incurra en las causales de incumplimiento, será vacado de inmediato.

Séptimo: El régimen peruano es republicano, representativo, descentralizado y participativo. Por ello, en adelante todo aquel que ocupe un cargo congresal (congresista, diputado o senador) no podrá ejercer al mismo tiempo cargo en ninguno de los niveles gubernamentales (nacional, regional, provincial ni edil) tampoco en el Judicial, caso contrario será vacado. Desaparece la figura del congresista-ministro de Estado. Igualmente, si es empresario, dueño o accionista, su empresa no podrá negociar con el Estado directa ni indirectamente.

Octavo: Cada diputado o senador mostrará anualmente evidencias de su producción mediante la aprobación de 2 proyectos de ley anuales en el pleno, así como la presentación de un informe sobre el seguimiento en la ejecución de 5 normas congresales, concluyendo con la implementación para su vigencia o la derogación de éstas. Informe que será publicada en el diario oficial El Peruano, al término de cada legislatura, siendo la mesa directiva del congreso, la encargada de supervisar su cumplimiento, caso contrario informará al pleno para la suspensión de pago del congresista por treinta días". (Gálvez, 2018)

Epílogo

El bicentenario, ¿una oportunidad para la gran consulta popular?

No nos es posible plantear los parámetros constitucionales sin referirnos a los contextos inmediatos, de manera tal que represente su reflejo. Parafraseando a Víctor Andrés Belaunde me atrevo a sostener que aún el Perú actual sigue siendo un ensayo de laboratorio, cuya vida independiente se inició el 28 de julio de 1821 con raíces en la realidad ancestral, no siempre valorada y que en la actualidad se halla reivindicada con el pluralismo jurídico, acogido desde 1979.

Con los tiempos, hemos ido cambiando la discusión de los temas prioritarios por hallar la ansiada estabilidad. Primero, la preocupación en la definición el sistema de gobierno (monarquía o república), posteriormente la composición congresal (unicameral, bicameral o tricameral), la organización del territorio (unitario o federal), más adelante integrarnos o no bloques de integración (la Federación de los Andes o la reunión como Bolivia, fuese bajo la versión de Luna Pizarro o la de Andrés de Santa Cruz), el fortalecimiento del Congreso y la correspondiente debilidad del Ejecutivo o viceversa, la apertura o no a una mayor base ciudadana, el establecimiento de los reglamentos internos del Legislativo que determinarían el control parlamentario del foro representativo por excelencia.

En el Perú esta connotación en los hechos reposó en la formación de un ente representativo correspondiente a las diferentes demarcaciones políticas, antes intendencia y luego departamentales o regionales. Los legisladores, en principio, formaron parte de una minoría electoral que sólo podía responder a los requisitos estipulados en las Cartas políticas para ocupar los cargos de Diputados y Senadores. Esto nos demuestra la pervivencia de rezagos hispanos pues los parlamentarios seguían siendo reflejo de la misma sociedad en las primeras legislaturas: Nobles, abogados, eclesiásticos, militares, marinos, médicos, comerciantes, hacendados. Pero conforme se recreó la composición social a partir de mediados del siglo XIX se incorporaban a su membresía ingenieros, catedráticos universitarios, profesores de colegio, artesanos y en el siglo siguiente: obreros textiles, etc. A todo ello debemos mencionar que, al incremento de profesiones u oficios desarrollados por varones, en el año de 1955, el establecimiento del derecho al voto a la mujer hizo posible a su vez la presencia de parlamentarias en los comicios de la legislatura siguiente.

Desde los inicios de la república, por su condición, el accionar del Estado tuvo más protagonismo en el ámbito político que el de carácter legal, de ahí que el objetivo de la Constitución en la mentalidad colectiva se orientase más a la organización estatal y a la protección de aquellos derechos considerados como naturales -como respuesta al temor del exceso de poder- más no a otros aspectos de regulación legal en la vida del país. Ello no fue obstáculo para que gradualmente se incorporasen con el afianzamiento del liberalismo normas que reclamaban el otorgamiento de más libertades, así como la creación de nuevos derechos para el individuo, en tanto le favoreciera generando su riqueza material bajo la idea de modernidad.

Dentro de lo que podemos considerar como institucionalidad -sinónimo de gobernabilidad- no podemos dejar de mencionar las expectativas del Estado desde hace 196 años de vida republicana la convivencia del ente estatal con la presencia de los llamados poderes intermedios locales o regionales, pertenecientes a la sociedad civil cuya encarnación se dio a través de los hacendados, comerciantes, la Iglesia, pero sobre todo en el caudillo. Figura importante para el establecimiento de nuevos gobiernos.

Su personalismo cuestionó la vigencia de las instituciones existentes y dio paso al militarismo como su expresión más nítida. Desde entonces dicho fenómeno trató de ser controlado desde los espacios liderados por civiles y con mayor insistencia a través de la fuerza organizada, primero de los clubes y luego del partido político con el inicio de la Sociedad Independencia Electoral, que agrupara un sector de la opinión social en 1871.

Los intentos por crear un orden para el ejercicio del poder determinaron la producción de diferentes Cartas constitucionales, cada una de las cuales, a su modo, plantease además la creación o derogación de instituciones políticas como el Consejo de Estado o las Vicepresidencias de la República. Aquí también merece señalarse que algunas autoridades en ejercicio sostuvieron la existencia de un orden previo a la ley fundamental, como si se tratase de un plano metajurídico y sin mecanismos de control. Circunstancia que potencialmente avaló prácticas arbitrarias y restó legitimidad a los actos gubernamentales. Frente a regímenes fuertes, la historia episódica nos muestra que los cambios al interior del ente estatal fueron dados como rechazo a aquellos mas no a un criterio estructural en el ejercicio del poder.

Un aspecto relevante que también fue manzana de la discordia estuvo representado en la formación de los diferentes gabinetes. Considerado y reconocido como derecho del presidente de la República; la práctica parlamentaria determinó la sugerencia casi obligada del mandatario en conservar ministerios para miembros del Legislativo. Situación que traslada a una preocupación existente desde los inicios del Estado peruano donde el Congreso no deseaba apartarse del Ejecutivo, por considerar que se gestaba un ente con propio poder; pero que años después podemos interpretar, desde el punto de vista oficial, como la estrategia de ambos órganos políticos dar una imagen homogénea. Inquietud de la cual hicieron uso tiendas políticas opositoras a partir del ente congresal, para demostrar su injerencia fomentando una convivencia o por el contrario, causando una crisis política.

Pese a todo, no podemos dejar de reconocer que el Congreso, a pesar de los defectos mostrados en su trayectoria parte de esa fragilidad del sistema político, continúa siendo la representación plural de la sociedad al interior del Estado así como el foro, por excelencia, de los debates que competen a la vida institucional del país. Manteniendo el mismo espíritu de representatividad de la cual gozan los congresistas junto al presidente de la República, sus vicepresidentes y los alcaldes. Figuras políticas elegidas por período determinado y que detentan un mandato que no escapa a aquel sector de la población que le otorgó su respaldo o preferencia electoral a través de su voto. El vigente Estado de Derecho representa un hoy una gran expectativa frente a los desafíos y a poner a prueba las instituciones que expresan la voluntad de interés y bien común.

De esta manera podemos concluir que el relato de los acontecimientos previos al nacimiento al Estado peruano nos permite observar circunstancias recurrentes donde el liderazgo criollo ha sido desplazado por los sectores medios, donde nuevamente lo político se halla desarticulado de lo político. Iniciamos nuevas etapas de cambio en nuestra historia constitucional donde los reajustes en el funcionamiento de los poderes políticos no son graduales y por el contrario tendemos a la polarización de las fuerzas políticas.

Al liderazgo de los caudillos se han incorporado el de la representación contenciosa, cuyos líderes fácticos han terminado por llenar el vacío de una electoral. Hemos retornado a la plantear la política desde las corrientes de pensamiento como en el siglo XIX, antes clubes hoy movimientos, dejando de lado a los partidos de la vieja guardia, vigentes hasta la década de los noventa.

Este episodio nos permite sostener que la democracia peruana ha sido y es un sistema dinámico, asistido no solo por la Constitución y las leyes, sino también por los hechos y la ética. Las circunstancias antes descritas nos plantean que este accionar continuo le ha ido añadiendo pluralismo, tolerancia y una incipiente igualdad de acceso a la información y al debate que la sociedad y el Estado nos ofrecen, promoviendo la convicción del ciudadano elector. Emular a otros sistemas democráticos resulta loable, pero no olvidemos nuestra idiosincrasia sin la cual la participación ciudadana resultaría catastrófica. Es mejor admitir lo que somos para lograr que el reflejo institucional esté acorde con la realidad que nos regula.

Análisis que debe contemplarse a partir de la percepción del Estado desde el siglo XIX hasta el actual, donde el liberalismo decimonónico que propuso que la autoridad estuviese vinculada a la representación social y avalada por una nueva modalidad de carácter ascendente de legitimación del poder donde se recalcaba el origen en el pueblo, base de la soberanía.

Tendencia que desde 1979 inició un proceso de inclusión, pero que no ha sentado las bases de una institucionalidad formal, al dejarse de lado la exigencia de ser letrado para ser el gobernante y con mayor razón la ciudadanía, dando la oportunidad a los políticos para decirles verdades a medias. De ahí que, la necesidad que el cargo representativo recupere su sentido temporal o transitorio dieciochesco, no habiendo reelección de ninguna clase.

Es urgente comprometer al Estado (local, regional o nacional), expresión jurídica del país y a la futura Autoridad Nacional de la Amazonía, elegida por los miembros de los distintos grupos étnicos y reconocida por el presidente de la República, como Jefe de Estado para fijar el modelo de desarrollo dentro de una economía que no se desprenda del modus sustentado en sus raíces, manteniendo la calidad de vida de los pobladores.

A ello, debemos agregar la necesidad de apoyar las labores defensoriales que disminuyan los conflictos sociales que ponen a prueba la vigencia de la Constitución.

Mientras tanto, podemos constar el uso de dos instrumentos político-jurídicos y que están alcanzando su propio desarrollo: Acudir a instancias supranacionales e incluso a las redes sociales, donde las personas e incluso las entidades del Estado plantean sus reclamos en una situación de indefensión, evitando el abuso de la autoridad pese a estar limitado por la propia Constitución. En segundo lugar, la consulta previa donde un colectivo de la sociedad o un poder del Estado recurren a los ciudadanos encontrar respaldo a su pretensión. Una medida que resulta eficaz siempre que se sepa emplearla y vincularla con las labores de representación nacional establecidas desde 1822.

Hoy más que nunca, la circunstancia por la cual atraviesa el país es constituyente. Demanda que ya no sólo se sintetiza en ajustes parciales sino en una reforma de la Constitución, donde la representación política, comparta su liderazgo con la sociedad mediante mecanismos de consulta constitucionales. La Carta debe reflejar siempre el aporte constructivo de las fuerzas políticas como los acuerdos sometidos a consultas populares de la ciudadanía, sobre todo en temas de régimen económico, limitaciones al ejercicio de los cargos públicos con incidencia en el de carácter congresal, la defensa irrestricta de los derechos, sobre todo del peruano, así como un mejor control de la informalidad, que, aunque subsistirá, se le direcciona en beneficio del fortalecimiento del país. Todo acto perjudicial contra la colectividad nos involucra porque deviene en corrupción y atenta contra la gobernabilidad del país

Referencias y fuentes

I. FUENTES DOCUMENTALES

Archivo General de la Nación del Perú (AGN)

Archivo del Congreso de la República.

Expediente N° 01969-2011-PH/TC (Lima). 14 de junio de 2013.
(Caso Humberto Bocanegra Chávez)
http://www.tc.gob.pe/jurisprudencia/2013/01969-2011-HC.html

Ley N° 28094 o Ley de Partidos Políticos, 1° de noviembre de 2003.
https://oig.cepal.org/sites/default/files/2003_ley28094_per.pdf

Ley N° 30305 o Ley de reforma de los artículos 191°, 194° y 203° de la Constitución Política del Perú sobre denominación y no reelección inmediata de autoridades de los gobiernos regionales y alcaldes, 9 de marzo de 2015.
https://busquedas.elperuano.pe/normaslegales/ley-de-reforma-de-los-articulos-191-194-y-203-de-la-cons-ley-n-30305-1209275-1/

PERIÓDICOS:

La Abeja Republicana. Edición Facsimilar. PETROPERÚ. Lima. 1980.

El Comercio, 1839-1842; 1850; 1914; 1956; 1958, 1962, 1966, 1967; 1968; 1999.

El Conciliador, 1832.

El Correo Mercantil y Político de Lima, 1822.

El Peruano, 1970-1980.

FUENTES BIBLIOGRÁFICAS:

BAQUIJANO y CARRILLO, J. (1781). ELOGIO al Excelentísimo señor don Agustín de Jáuregui y Aldecoa, Caballero del orden de Santiago,

Teniente General de los Ejércitos, Virrey, Gobernador y Capitán General de los Reyes del Perú, Chile, etc.; PRONUNCIADO en el recibimiento, que como a su Vice-Patrón, le hizo la Real Universidad de San Marcos, el día XXVII de Agosto del año de MDCCLXXXI POR D.D. Joseph Baquíjano y Carrillo, Fiscal Protector Interino de los Naturales del distrito de esta Real Audiencia y Catedrático de Vísperas de Leyes. Reimpreso en el Boletín del Museo Bolivariano (Lima) N.º 12, agosto 1930.

BARRENECHEA, A. (1998). La República Embrujada. Madrid. Editorial Aguilar.

BASADRE G., J. (2000). Historia de la República del Perú. 16 tomos. Santiago de Chile. Talleres de Cochrane S.A.

BASADRE G., J. (1994). PERÚ: Problema y posibilidad. Lima. Fundación M.J. Bustamante de la Fuente.

BELAÚNDE D.C., V. A. (1983). Bolívar y el pensamiento político de la revolución hispanoamericana. Lima. Johm Asociados SRL.

BLANCO, H. (2013): Perú: La reforma agraria.

https://www.servindi.org/actualidad/opinion/365

CÁMARA DE DIPUTADOS:

1849/1850   Actas: Legislatura Extraordinaria.

1912   Diario de Debates. Congreso Extraordinario.

1928 Historia del Parlamento Nacional (Actas de los Congresos desde 1822) Tomo I. Lima. Imprenta Cervantes. Publicación Oficial.

1945   Diario de Debates. Legislatura Ordinaria.

CLAVERO S., B. (1992): Institución Histórica del Derecho. Madrid. Marcial Pons.

COMISIÓN DEL SESQUICENTENARIO DE LA INDEPENDENCIA DEL PERÚ. Colección Documental para la Independencia del Perú (CDIP). Lima.Colegio Militar Leoncio Prado.

(1971) Tomo I. Los Ideólogos. El Plan del Perú. Vol. 5.

(1974) Tomo I. Los Ideólogos. José Faustino Sánchez Carrión. Vol. 9.

(1974) Tomo IV. El Perú en las Cortes de Cádiz. Vol. 1 y 2.

(1972) Tomo XIII: La Obra Gubernativa y Epistolario de San Martín. Vol. 1

(1975) Tomo XIV: La Obra Gubernativa y Epistolario de Bolívar. Vol. 1

(1973) Tomo XV: El Primer Congreso Constituyente. Vol. 1

CONGRESO DE LA REPÚBLICA (2000a) Archivo Digital de la legislación del Perú. Lima.

CORTES GENERALES (1987): Colección de Decretos y Órdenes de las Cortes de Cádiz. Tomo I. Madrid. Publicaciones de las Cortes Generales

COTLER, J. (1978). Clases, Estado y Nación en el Perú. Lima. IEP.

EURÍPIDES: Tragedias II: Los suplicantes. 1995: p. 29. Madrid. Gredos.

DEFENSORIA DEL PUEBLO (2018) El Informe de Adjuntía N° 002-2018-DP/AMASPPI/PPI «El largo camino hacia la titulación de las comunidades campesinas y nativas».

https://www.defensoria.gob.pe/wp-content/uploads/2018/12/Informe-de-Adjuntia-002-2018-DP-AMASPPI-PPI.pdf

GALVEZ, J.F. (21 de enero 2018): Ajustes Constitucionales.

http://blog.pucp.edu.pe/blog/josefranciscogalvez/2018/01/21/ajustes-constitucionales/

GALVEZ, J.F. (2017) La Justicia Militar en la Historia del Perú: Primera parte: Desde sus albores hasta 1899. Lima. Fuero Militar Policial.

GALVEZ, J.F. y GARCIA V., E. (2016). La Historia de la Presidencia del Consejo de Ministros en el Perú. Lima. Presidencia del Consejo de Ministros.

GÁLVEZ, J. F. (2002). La política como pasión: Breve Historia del Congreso de la República (1822-1968). Lima. Fondo Editorial del Congreso de la República.

GÁLVEZ, J. F. (1999). Juan Pablo Viscardo y Guzmán (1748-1798). El Hombre y su tiempo. Tomo I. Lima. Fondo Editorial del Congreso de la República

GÁLVEZ R., C. (2001), El derecho consuetudinario indígena en la legislación indigenista republicana del siglo XX. En BIRA (Lima). Boletín del Instituto Riva-Agüero. N° 28.

GARCÍA B., D. (2016). Las Constituciones del Perú. Lima. Jurado Nacional de Elecciones. Fondo Editorial.

GRFA, Gobierno Revolucionario de las Fuerzas Armadas (1975). Bases Ideológicas de la Revolución Peruana. Lima. Oficina Central de Información.

GUERRA, F. X. (1996). Identidad et independencia. En: Imaginar la Nación. François Xavier Guerra y Mónica Quijada, Coordinadores. México. Fondo de Cultura Económica.

GUERRA M., M. (1994). Historia General del Perú: La República. Lima. Editorial Brasa. Lima.

HAYA, V. R. (1931). El Discurso de Acho, 31 de agosto de 1931. En: Agenda Perú, Caretas, Pontificia Universidad Católica del Perú. (2002). Los 50 y tantos libros que todo peruano culto debe leer. Lima. Quebecor World.

HERRERA, B. (1929). Escritos y Discursos. Tomo I. Lima. Librería e Imprenta Francesa Científica. Casa Editorial E. Rosay.

INSTITUTO INTERNACIONAL DERECHO Y SOCIEDAD: IIDS BOLETIN. Alertanet. Noviembre 2018. https://mailchi.mp/65515d6bec5d/iids-boletin-diciembre-2018.

JAMANCA V., M. (2015): La Constitución inacabada: Ideas y modelos constitucionales en el momento fundacional del Perú. Primera mitad del siglo XIX. Lima, Centro de producción. Fondo Editorial de la Universidad Nacional Mayor de San Marcos.

JACOBSEN, N. y DOMINGUEZ, N. (2011): Juan Bustamante y los límites del liberalismo en el Altiplano: La rebelión de Huancané (1866-1868). Lima. Asociación de Servicios Educativos Rurales.

LANDA, C. (1989) El proceso de formación contemporáneo del Estado peruano. En: AA.VV. La Constitución, diez años después. Lima, Fundación Friedrich Naumann.

MANRIQUE, N. (2013): Perú: La CIA y el MIR

Recuperado de: https://www.lahaine.org/dT8M

Mc EVOY, C. (1994). Un proyecto nacional en el siglo XIX: Manuel Pardo y su visión del Perú. Lima. Fondo Editorial de la Pontificia Universidad Católica del Perú.

MENENDEZ y PELAYO, M. tr. (1946): Cicerón: Diálogos del Orador. Libro II. Buenos Aires. EMECÉ.

MESIAS, C. (1998). El pensamiento constitucional y la idea de constitución en el Perú del siglo XIX. En: Pensamiento Constitucional (Lima). Vol. 5, número 5. Maestría en Derecho Constitucional. Pontificia Universidad Católica del Perú.

MILLA BATRES, C., editor (1986) Diccionario Histórico y Biográfico del Perú (Siglos XV-XX). Lima. Milla Batres.

MONTEAGUDO, B. (1823). Memoria de los principios políticos que seguí en la administración del Perú y acontecimientos posteriores a mi separación. Santiago de Chile. Reimpreso en Imprenta Nacional.

OFICINA NACIONAL DE PROCESOS ELECTORALES, Centro de Investigación Electoral (ONPE-CIE), 2005. Lima. ONPE.

PACHECO, T., [1851] (1989) Cuestiones Constitucionales. Reimpreso en: IUS et PRAXIS (Lima) N°14. Universidad de Lima.

PACHECO V., C. (s/f): El peruano frente a la historia del Perú. En: Riva Agüero y Osma, J. de la, V. A. Belaúnde, J. Basadre G.: La identidad nacional (antología). Lima. APD.

PANDO, J.M. de (1998) Manifiesto que presenta a la Nación sobre su conducta pública. En: Pensamiento Constitucional (Lima). Maestría en Derecho Constitucional. Lima.

PANFICHI, A. (2010): La representación contenciosa. La dimensión política de los conflictos sociales en el Perú. En: AULA MAGNA: Crecimiento y Desigualdad: Conflicto y gobernabilidad. Lima. Fondo Editorial de la PUCP.

PAREJA PAZ SOLDÁN, J. (1951) Historia de las Constituciones. Madrid. Ediciones Cultura Hispánica. Madrid.

PAREJA PAZ SOLDÁN, J. (1944) Historia de las Constituciones Nacionales. Lima. Graf. Zenit.

PEASE GARCÍA IRIGOYEN, F. (1985) PERÚ HOMBRE E HISTORIA. Lima. Banco Continental.

PEASE GARCÍA IRIGOYEN, H. y VERME I., Olga (1974) PERÚ: 1968-1973. Cronología Política. Tomo I. Lima. DESCO. Centro de Estudios y Promoción del Desarrollo.

PÉREZ-PRENDES, J.M. (1988). La monarquía indiana y el Estado de Derecho. Madrid. Asociación Francisco López de Gómara.

PERÚ (1989), La Cámara de Diputados del Perú rinde homenaje a la Asamblea Constituyente en el 10° Aniversario de la promulgación de la Constitución política. Lima, 12 de julio de 1989.

PUENTE, J. A. de la (1959) La Emancipación en sus Textos: El Estado del Perú. Tomo I y II. Lima. Instituto Riva-Agüero.

RIVET, P. et CRÉQUI-MONFORT, G. de (1952). Bibliographie des langues aymará et kicua. Vol.I (1810-1875). Paris. Institut d'Ethnologie. Paris.

SAULNIERS, A. H. (1985). Más allá del control gerencial: En enfoque sistemáticos las Empresas Públicas. En: ZUZUNAGA, C. Las Empresas Públicas en el Perú. Lima. Centro Peruano de Investigación Aplicada.

TARAZONA, J. (1946) Demarcación Política del Perú. Recopilación de Leyes y Decretos (1821-1946)- Lima. Librería e Imprenta D. Miranda.

TÁVARA, S. (1951). Historia de los Partidos Políticos. Lima. Editorial Huascarán.

UGARTE DEL PINO, J. V. (1978). Historia de las Constituciones del Perú. Lima. Editorial Andina S.A.

VALLE-RIESTRA y G. O., J. (1992): El fracaso de la Constitución. En: Lecturas Constitucionales N°8. Lima. Comisión Andina de Juristas.

VIDAURRE, M. L. de (1827). Discurso pronunciado por el ciudadano Manuel de Vidaurre. Presidente de la Corte Suprema de Justicia y del Soberano Congreso Nacional de la República del Perú. Lima. Imprenta de la Instrucción Primaria por S. Hurley.

VIDAURRE, M. L. de (1998) Artículos constitucionales que son de agregarse a la Carta para afianzar nuestra libertad política. En: PENSAMIENTO CONSTITUCIONAL. Año III. N°3.Lima.

VISCARDO y GUZMÁN, J.P. (1959): La Carta a los Españoles Americanos. Lima. Ministerio de Educación Pública.

WIELAND C., H. (17 de marzo de 2018): Los almirantes Petit-Thouars y Stirling en la defensa de Lima en 1881. Recuperado de: https://plumainquieta.lamula.pe/2018/03/17/los-almirantes-petit-thouars-y-stirling-en-la-defensa-de-lima-en-1881/hubert/

WIELAND C., H. (29 de abril de 2017): Bicameralidad ¿cuento chino? La mula.pe. Recuperado de: https://plumainquieta.lamula.pe/2017/04/29/bicameralidad-cuento-chino/hubert/

WIELAND C., H. (12 de setiembre de 2015): ¿Representan los congresistas a la Nación? La mula.pe. Recuperado de: https://plumainquieta.lamula.pe/2015/09/12/representan-los-congresistas-a-la-nacion/hubert/

Sobre el autor

D. José Francisco Gálvez Montero (Lima, 1960) Profesor de la Universidad de Lima (1991) e investigador del Instituto Riva-Agüero (1990). Profesor de la Pontificia Universidad Católica del Perú (1994), de la Universidad Peruana de Ciencias Aplicadas (UPC, 2001), de la Universidad de San Martin de Porres (2003) y de la Universidad de la Escuela Superior de Administración Nacional (ESAN, 2015). Miembro del Instituto Riva-Agüero y la Sociedad Bolivariana del Perú.

Doctor en Geografía e Historia (1996). Universidad Complutense de Madrid. Área: Historia del Derecho. Abogado (1995) e historiador (1990), por la Pontificia Universidad Católica del Perú. Especialista en Derecho Constitucional e Historia del Derecho Peruano.

2018. Premio a la excelencia académica Universidad Peruana de Ciencias Aplicadas (UPC).

2017 Reconocimiento docente. Universidad San Martín de Porres (USMP).

2017 Reconocimiento a la investigación. (Pontificia Universidad Católica del Perú (PUCP).

2014 Premio a la excelencia académica (UPC).

1998 Medalla Juan Pablo Viscardo y Guzmán, Congreso de la República del Perú.

Correo electrónico: josefranciscogalvez@gmail.com

www.ingramcontent.com/pod-product-compliance
Lightning Source LLC
Chambersburg PA
CBHW072029230526
45466CB00020B/1126